潜伏キリシタン

江戸時代の禁教政策と民衆

大橋幸泰

講談社学術文庫

目次

潜伏キリシタン

江戸時代の禁教政策と民衆

序章　キリシタンを見る視座

二十一世紀は輝いているか？

筆者が小中学生だった一九七〇年代、二十一世紀は輝かしい未来であった。高度経済成長が陰りを見せていたとはいえ、まだその余韻は十分に残っていたし、新幹線や高速道路のような公共機能の向上ばかりでなく、さまざまな家庭用電化製品の発達と普及は確かに人びとの生活を便利にした。その延長線上に、それらがもっと高度に進展した未来があると信じられており、そうした輝かしい未来を担う筆者ら当時の子どもたちは、ことあるごとに「二十一世紀は君たちの時代だ」などと大人から鼓舞された。そうして、現実に二十一世紀になったわけだが、実際の姿はどうであろうか。

「二十一世紀はあんなに輝いていたのに……」とは、筆者の大好きな映画『クレヨンしんちゃん 嵐を呼ぶモーレツ！オトナ帝国の逆襲』（臼井儀人原作、原恵一監督、二〇〇一年公開）の台詞である。現実の二十一世紀から逃避して、ひたすら二十世紀（といっても高度経済成長期に限定される）をなつかしがることに批判の目を向けたこの映画は、子どもたちよりも筆者ら映画公開時の親世代に評価が高いことで話題になった。

一九七〇年代当時、二十一世紀がまぶしいくらい輝いて見えたというのは、決して誇張ではない。この言葉に代表されるように、現実の二十一世紀は筆者が子どもだったころのイメージとは大きな隔たりがある。ちょっとした違和感どころの話ではなく、そのころは思いもよらなかったくらい息苦しくなっている、というのが筆者の偽らざる実感である。そうした息苦しさとはいったい何なのか。近視眼的には長い経済不況や直近の国際紛争などが思い浮かぶ。しかし、もっと長期的な視野を持ち、どのような経過を経て現在に至ったのかを知ったうえで、その息苦しさの原因を見極めたい。そうすれば、〝いま〟という時代はどのような時代であるのかを理解することができると同時に、この先の未来を希望あるものとして展望するためには何が必要か、という見通しも立てることができる。

具体的な材料として、これまで筆者は宗教に注目してきた。科学技術が高度に発達した現代、なお宗教活動はさかんである。過去に宗教を頼りにした人びとは多かったし、いまもたくさんいる。科学が私たちの疑問のすべてに答えてくれるわけではないから、科学が進展することと、人びとが宗教に救いを求めることは決して矛盾しない。宗教は、これまで世界中のどの地域のどの時代にも存在していたし、人類の知では解決できない難問――たとえば、人は生まれる前どこにいて死んだらどこへ行くのか、人はなぜ生きるのか、など――が存在する限り、今後も消滅することはないだろう。宗教を無視して過去も現在・未来も語れない。宗教やそれに関わって起こる事件にそれぞれの時代固有の特徴が刻印されているとすれば、宗教に注目することは、右に指摘した現代の息苦しさの原因を見極める近道ではないか、というのが筆者が宗教を材料に歴史を見ようとする理由の一つである。

近世から近代への転換をどう見るか？

歴史のうえで宗教には弾圧がつきものである。日本の歴史上もっとも弾圧を受けた宗教といえば、読者のみなさんは何を思い浮かべるであろうか。

鎌倉時代の親鸞・日蓮、戦国時代の浄土真宗（一向宗）、江戸時代のキリシタン・日蓮宗不受不施派、幕末から明治時代の天理教、大正・昭和初期の大本教など、他国の歴史と同様、日本史も厳しい宗教弾圧の経験を持っている。そのなかでも、江戸幕府によって全国一律に禁止され、十七世紀初期に多数の殉教者を出したことに加えて、宗門改《しゅうもんあらため》制度を生み出したという理由で、日本史上もっとも弾圧された宗教といえば、まずはキリシタンを思い浮かべるという人が少なくないであろう。確かに、日本の近世（江戸時代）はキリシタンが厳しく禁止されていたということから、もっとも厳格な宗教統制の時代であったとイメージされやすい。

これに対して、近代化を達成した以降の近現代の日本はどうであろうか。戦前の大日本帝国憲法（一八九〇年施行）と現行の日本国憲法（一九四七年施行）は制定の事情も内容も大きく異なるが、宗教に関する条項としては両者とも信教の自由が明記されている。近世が厳格な宗教統制の時代としてイメージされるのは、この近現代の憲法における信教の自由の条項がその根拠を与えている。近世におけるキリシタン禁制・宗門改制度という厳しい宗教政策と、近現代における憲法上の信教の自由という条項が対照的であるのは明快のように見える。

この単純な対比は、近世より近現代の人びとのほうが解放されていると解釈することにつながるが、結論を先にいえば筆者はこの見方に懐疑的である。近世から近代への転換を、宗教統制の時代から宗教解放の時代へと評価できるのかどうか。これが本書を貫くもっとも大きな問題関心である。

では、これまで近世から近代への移行については、どのように描かれてきたか。かつては、封建的諸関係を克服して近代化・文明化が実現していく過程として捉えられてきた。奴隷制・封建制・資本制を経て社会主義・共産主義世界を展望したマルクス主義にしろ、ヨーロッパ的な近代市民社会を理想と考えた近代主義にしろ、歴史は発展するとの考え方がその背景にあった。

しかし、それが説得力を持ち得たのは一九七〇年代までのこととしてよい。そうした見方への揺らぎが起こった一九八〇年代を経て九〇年代以降、時代の進行とともに人びとは解放されるという文脈で歴史が語られたのは、もはや過去のことになってきている。その理由は、地球温暖化をはじめとした環境問題に加えて、政治・経済の世界的閉塞感が漂っているからなのであろう。歴史は発展するという理解は多くの人びとに共感が得られなくなってきており、明るい未来が展望できないという気分が蔓延《まんえん》している。科学技術が高度に発達した現代においてなお――いやそれだからこそといったほうが適切かもしれない――、少なくない人びとが宗教に心の拠り所を求めているのもそうした現代の状況の反映である。そして、近年、宗教に注目する研究がさかんであるのもそうした文脈で理解できる。筆者の研究もその延長線上にある。

「日本人は無宗教」か？

ところで、宗教といってすぐに思い浮かぶのは、「日本人は無宗教」という言説である。これは日本人論の一環としてよく聞くフレーズであり、いまだにあまり疑われていないといってよい。しかしながら、日本列島を見渡してみればどこにでも神社や寺院が点在するだけでなく、身近なところにも小さな祠や魔除けの札《ふだ》を見かけることはよくあることである。また、初詣や彼岸・盂蘭盆会《うらぼんえ》といった年中行事の際はもちろんのこと、それに限らず宗教施設には常に多くの人たちが訪れている。このギャップはいったい何なのか。

それは、「日本人は無宗教」であると思い込んでいる人びとが、宗教という語の意味をきわめて限定したものとして考えているからである。私たち現代人が思い浮かべる宗教の意味は、明治期に英語の religion の訳語として定着したものである。(1) それ以前にも宗教の語はもちろんあった。ただし、それは仏の教えや究極の真理を意味する仏教の専門用語として使われていたのであり、一般の近世人（江戸時代に生きた人びと、以下、この意味でこの語を使用する）が日常的に使う語ではなかった。近世では仏教各派を表す場合は通常、宗門改・葬儀の執行機関としての「宗旨《しゅうし》」や「宗門《しゅうもん》」の語が使用されており、寺院に関わる日常的な活動は宗教とは認識されていなかった。まして鎮守や民間信仰、その他の宗教的な活動は近世人にとって宗教ではなかった。つまり、明治期になって西欧諸国を手本に近代化を進めていくなかで、religion の訳語として選ばれたのが宗教の語であり、それは日常の実践として行われる宗教的な行い――本書では、これを含めた宗教的な活動全般を宗教活動という語で表す――をそもそも発想の外に置いたものであった。

そして、その定着には西欧文明の象徴としてのキリスト教の存在が大きな影響を与えたと思われる。日本の近代化・文明化を進めようとした当時の知識人や政府関係者は、キリスト教こそ西欧文明の精神的支柱であると見ており、西欧諸国に近づくためにはキリスト教に対抗できる精神的支柱を構築する必要があると考えたのである。そこで、成立間もない明治政府は当初、権力基盤を補強するためにも天皇権威を高める手段となる神道の国教化が有効であると判断し、それを積極的に進めようとしたが、結局失敗する。なぜならばアニミズムを起源とする神祇《じんぎ》信仰には多様な神観念が存在し、それを一つにまとめて統一的な教義をつくるなど、所詮無理なことであったからである。

こうして、この明治政府の策動はさまざまな抵抗や軋轢《あつれき》を生んで挫折したが、神道の優位性までが放棄されたのではなかった。近代国家の条件として政教分離や信教の自由の保障も必要であるとされたこともあって、政府は神道の優位性を保ちつつ新たな位置づけを模索していき、たどり着いたのが神道非宗教論である。つまり、キリスト教をモデルに religion の訳語として宗教の語が定着するのと、神道非宗教論とは表裏の関係にある。この結果、神道は国家儀礼としての地位が与えられることになり、これがのちに国家神道と呼ばれていくようになる。確かに表面上は政教分離が実現したように見えるが、国家儀礼に位置づけられた国家神道の存在は事実上、すべての宗教の優位に立つことになった。

宗教という語をどのように考えたらよいか？

したがって、熱心にただ一つの神を信仰するとイメージされやすい宗教概念は、明治期の西欧文明を規範として進められた近代化の過程のなかで創出された歴史的産物である。その宗教のモデルはあくまで文明の象徴としてのキリスト教であったから、その対極に位置づけられることになった民衆世界の宗教活動は、未開の象徴として文明国にはあってはならないものとなった。近代国家の成立過程は民間信仰を強権的に再編成する過程でもあって、この時期に民衆世界の宗教活動が「淫祠邪教《いんしじゃきょう》」と見なされて弾圧されたのは、そうした背景があったからである。

以上のことから、明治憲法のもとでの信教の自由とは、国家神道の存在を前提とした宗教を信じる自由というのがその内実であって、決して宗教活動の解放が保障されていたとはいえない。そうだとすれば、現代人がイメージする宗教という語は、非西欧世界における宗教活動を貶《おとし》める、きわめてイデオロギー性の強い言葉ということになる。

筆者は、このように認識し始めた当初、慣習的な民衆の宗教活動を貶める意を含む宗教の語は使用しないほうがよい、と考えたこともあった。しかし、だからといって別の語で代替できるかというと、なかなかそれも難しい。前近代の民間信仰を含む民衆世界の宗教活動すべてを表現できる語はないものだろうかと悩んでいたとき、阿満利麿氏の次の言葉に出会った。阿満氏はいう。宗教とは「人間がその有限性に目覚めたときに活動を開始する、人間にとってもっとも基本的な営み」であると[2]。この定義に出会って以来、筆者は宗教という語はキリスト教をモデルに定着した意味に限定して使用する必要はないことを悟った。本書でもこの意味で宗教の語を使うことにする。

「隠れキリシタン」と「潜伏キリシタン」

厳しい禁教下にかかわらずキリシタンの信仰活動を維持していった人たちの呼称は、一般に流布している「隠れキリシタン」のほかに論者によっていくつかあるが、本書では以下、彼らを「潜伏キリシタン」と呼ぶことにしたい。その理由は、明治時代以降、禁教が解除されていったにもかかわらず、隠れるように活動していた近現代のキリシタン継承者との差異を意識するためである。

近年、研究上のみならず一般的にも、「潜伏キリシタン」は禁教下（江戸時代）のキリシタンを指し、「隠れキリシタン」は禁教解除後（明治時代以降）も江戸時代以来の信仰形態を継承していったキリシタンのことを指す、との使い分けが定着しつつある。本書でもそれを踏襲するが、江戸時代のキリシタンが隠れるように活動していたことは事実なので、彼らを「隠れキリシタン」と呼ぶことが直ちに誤りだとはいえない。しかし、江戸時代のキリシタンはむしろ潜伏状態にあった、というのがもっとも事実に近いと筆者は考えている。その意味は以下、本書を展開しながら明らかにしていくつもりである。

ところで、歴史上の宗教について考えようとする場合、注意しなければならない点が二点あると筆者は考えている。一つは現代人の枠組みで過去の宗教を考えがちになること、もう一つは宗教とは時代を越えて不変であると考えがちになること、である。

たとえば、キリシタンとは江戸時代のキリスト教のことであるとする単純な理解からすれば、キリスト教の枠組みで考えるのが自然であるように見える。そうした視点でキリシタンを見た場合、厳しい禁教のもとでさまざまな土着の神仏信仰と結びついた潜伏キリシタンの宗教活動は、宣教師が説いた教義・活動の内容と比べて〝異端〟的な土俗信仰に変貌した、としばしば評価される。

しかし、この見方は宣教師の側の宗教活動が〝正統〟であるとする立場からのそれである。キリシタンの活動を実践していた人びとにとっては、彼らの宗教活動こそが信じるに値するものであったはずである。潜伏キリシタンの宗教活動が〝異端〟的な土俗信仰であるとする評価は、キリスト教はこうでなければならない、あるいはこうであるはずだ、などという思い込みによる評価ではないか。現代人が考える固定したキリスト教の枠組みによってキリシタンを考えようとしては、歴史における潜伏キリシタンの営みの意味を見誤ることになるであろう。

現代人の常識は過去の人びとの常識と同じか？

仏教の各宗派にも類似の問題がある。近世期には隠し念仏・隠れ念仏と呼ばれる俗人の宗教活動が存在したことが知られているが、これは一般には浄土真宗との関係が深いとされることから、浄土真宗の〝異端〟として考えられがちである。同様に、不受不施派は日蓮宗の〝異端〟、流行神や民間信仰は民俗宗教の一種、天理教など十九世紀の民衆宗教は新宗教の一種、というように現代人の枠組みをそのまま遡らせて考えようとする発想がこれまでは一般的であり、その現代人のイメージする宗教像を固定的に考えてきたのが従来の研究の弱点であったように思われる。その宗教像はあくまで現代人の枠組みであり、発想である。それをそのまま過去に遡らせて当てはめようとするのは、その実態とかけ離れた宗教像をイメージすることになるのではないか。

宗教といえば、その教義・思想や活動などその始まりから不変であると思われがちであるが、それは現代人の思い込みである。もちろん核となる教義には動かない（動かせない）ものもあることは確かであろうが、その宗教活動を実践している人びと自身はもちろんのこと、それを取り巻く社会状況やそれに対する眼差しなど、その宗教活動の内側・外側みな時代を越えて同じであったとは決していい切れない。それらを緻密に検証することが必要である。

現代人の常識が必ずしも過去の人びとの常識とは一致しないことは、現在の歴史学では当然のこととなってきている。たとえば、国民という均質な（と思い込まされている）集団が支えている国家は、国家の誕生から存在しているのではない。そもそも前近代で国といえば、それは古代律令制下の地方行政制度に起源を持つ、国郡制の国（たとえば武蔵《むさし》国のような）を指すことが普通であることからも、現代人が想起する国民という概念は超歴史的には存在しないといえる。また、生物学的な性差（セックス）は時代を越えて存在するとしても、男らしさ・女らしさに代表される社会的・文化的な性差（ジェンダー）は時代によって差異がある。男と女という枠組みもまた歴史的につくられたものであって、現代人が想起するそれを過去に遡って当てはめようとすると、史実からかけ離れてしまう結果をもたらすことになるであろう。国家もジェンダーもその枠組みが可変的であることを前提に、私たちは歴史に向き合わなければならない。

これら一九九〇年代の国民国家論やジェンダー論で展開された議論に代表されるように、現代人を取り巻くあらゆる枠組みは歴史的に形成されてきたものであり、相対化される必要がある。過去の人びとの営為を正確に復元するためには、現代人が想起する枠組みを柔軟に捉える、または懐疑的に捉えることが求められる。歴史上の宗教について考えるときにだけそれは当てはまらない、などということはもちろんないはずである。

本書の構成

以上のことを念頭に、本書では次の三つの方法を用いて、キリシタン禁制という宗教政策が貫徹された江戸時代を通観する。

第一に、呼称に注目していく。キリシタンと一口にいっても、その呼称は固定していたのではなかった。呼称はそれを使用する人びとのその対象に対する評価や意識を反映していると考えられる。したがって、キリシタンがどのように呼ばれていたかの変遷をたどれば、近世人がキリシタンをどのように認識していたかがわかるであろう。そして、その変化の過程は当時の社会状況の変化とどのような関係にあったのかを考えたい。

第二に、異端的宗教活動という枠組みで潜伏キリシタンを捉えていく。キリシタンがなぜ長期にわたって潜伏できたのかを考えようとする場合、キリシタンだけを見ていても理解できない。先に指摘したように、キリシタンはキリスト教という枠組みで、隠し念仏・隠れ念仏は浄土真宗の枠組みで、流行神・民間信仰は民俗宗教の枠組みで考える、などという従来の縦割り式の方法は再考されるべきである。そこで、世俗秩序を脅かす、これら〝異端〟的な宗教活動を横断的に捉える視点が必要であると考える。筆者はこれを異端的宗教活動という枠組みで捉えて、潜伏キリシタンの営みを考えてみたい。

第三に、属性論という認識方法で潜伏キリシタンの営為を見つめ直していく。キリシタンに限らずどんな宗教活動に従事する者であっても、その個人がその宗教活動の信者という属性しか持っていないということはあり得ない。江戸時代の被治者はだれもが、百姓という身分（もちろん被差別民の場合もあり得る）であるとともに、生活のために農業や漁業・商業・工業・日雇いなどの生業を持ち、村請制《むらうけ》という仕組みのもとに編成されていた近世村落に帰属する村民という立場も併せ持っていた。一人の人間が複数の属性を同時に持っているのは当然のことであるが、宗教を考えようとするとき、なぜかその宗教の属性しか視野に入ってこないことが多い。

潜伏キリシタンの場合、厳しい禁教のもとで何世代にもわたってその信仰を継続できた理由を、彼らの強靱な信仰心によってのみ説明することに無理はないか。逆に、慣習として継承してきただけであるという説明も単純すぎる。そこで、個人でも集団でも、一つの属性しか持っていないということはあり得ないという状態――個人のなかに複数の属性が併存していること、組織のなかに複数の属性の人びとが併存していること――をより意識しようとする属性論が、こうした点を考えるのに有効な方法ではないかと筆者は考える。

これら三つの方法を用いながら、以下、キリシタン禁制という宗教政策の変遷と近世人との関わりについて検討することを通じて、宗教統制から宗教解放の時代への転換とイメージされやすい、近世から近代への秩序の転換の実態とその意味について考えたい。一応の目安として、第一章「「伴天連門徒」から「切支丹」へ」と第二章「「異宗」「異法」「切支丹」」においては第一の呼称に注目する方法を、第三章「島原天草一揆と「切支丹」の記憶」と第四章「異端的宗教活動から「切支丹」への転回」においては第二の異端的宗教活動の枠組みを設定する方法を、第五章「信仰共同体と生活共同体」と第六章「重層する属性と秩序意識」においては第三の属性論という認識方法を、それぞれ意識して江戸時代のキリシタン問題を分析していこうと思う。ただし、これら三つの分析方法は、本書のそれぞれの章で完結するというものではない。筆者としては比重の差異はあるにせよ、どの章においても三つの方法を意識して議論を展開していくつもりである。

なお、呼称とその対象に対する認識が連動しているとの考えから、本書ではキリシタンの表記について次のようにすることをあらかじめお断りしておきたい。キリシタンの実際の宗教活動とその信者については、カタカナのキリシタンの呼称を使用するのに対して、厳しい禁教下でキリシタンの実態からかけ離れた虚像としてのそれについては、史料用語を代表させて、かぎ括弧つきの漢字の「切支丹」の呼称を使用する。話をわかりやすくするために先に結論めいたことを申し述べれば、近世秩序が徹底的に排除しようとしたのは後者の「切支丹」のほうである。

第一章　「伴天連門徒」から「切支丹」へ

1　キリシタンの登場と近世日本の統一権力

カトリックの東アジア進出

キリシタンとは十六世紀に東アジアにもたらされ、以後、近世の同地域に広がったカトリックのことである。その背景には、次のようなヨーロッパの変動があった。

発端は、中世ヨーロッパで大きな勢力を保持することに成功したポルトガル・イスパニアと、プロテスタントの宗教改革に対抗するカトリックの修道会とが結びついて世界布教を目指したことである。それが、東アジアにまでカトリックが広がることにつながっていった。ポルトガル・イスパニアは互いの利害衝突を避けるため、大西洋上に分割線を引いて、それより東をポルトガルが、西をイスパニアがそれぞれ勢力範囲を広げる地域とした。

以後両国は、この一四九四年に結ばれたトルデシーリャス条約に基づき、世界進出を果たすことになる。それは、カトリックを統括する最高責任者ローマ教皇により両国王に与えられた、布教保護権という宗教的権威をまとって進められたものであった。もちろんこの条約は両国のみによる世界分割協定であったから、事前にその対象とされた地域の了解が得られていたのではない。しかし、カトリックの世界布教の試みは、それぞれ固有の秩序を形成していた地域——たとえばヨーロッパならキリスト教文明圏、東アジアなら儒教文明圏のような地域——どうしが地球規模で接触する契機となった。

プロテスタントの宗教改革への対抗を企図するカトリック修道会は、ポルトガル・イスパニア両国それぞれと結びついて世界布教を開始した。ポルトガルと結合したイエズス会が大西洋から東を、イスパニアと結合したフランシスコ会・アウグスチノ会・ドミニコ会が大西洋から西を、それぞれ目指した。トルデシーリャス条約は両者のすみ分けのための契約であったが、その範囲は地球の裏側まで決定されていたのではなかった。日本を含む東アジアがちょうどその地域にあたる。この地域に先に到達したのはポルトガル—イエズス会のほうであった。

こうした経緯を経て十六世紀中期、ポルトガル商人による鉄砲伝来とフランシスコ゠ザビエルによるキリシタン伝来が、日本列島において実現した。一方のイスパニア—フランシスコ会・アウグスチノ会・ドミニコ会のほうも、フィリピンを経て十六世紀末には日本に到達する。ただし、マカオを拠点に東アジアに勢力基盤を早くから固めていたイエズス会のほうが実績の点で有利であった。

キリシタンという呼称がポルトガル語の Christão に由来するのは、このような背景がある。日本では、これに漢字をあてて「吉利支丹」または「切支丹」などと表記された。ただし、最初からこの呼称で統一されていたのではなかった。これが定着したのは、一六四〇年代以降である。また、近世期にはこのほかにも、「伴天連《ばてれん》門徒」「耶蘇教」「天主教」「異宗」「異法」などがあり、キリシタンを指す呼称はいくつもあった。近世期を通じてどれか特定の呼称のみが使用されていたのではないが、実は時期ごとにその時期のキリシタン禁制の内実をよく表している呼称というのがある。

本書では、近世日本の国家・社会の状況と連動して各時期の特徴を抽出することができる、「伴天連門徒」「切支丹」「異宗」「異法」に注目する。キリシタンの呼称の変化とキリシタン禁制の内実は、どのように連動していたのか。第一章と第二章では、この点について考えてみたい。

キリシタンの規制から禁制へ

よく知られているように、豊臣秀吉は天正十五年（一五八七）六月十八日に「覚」十一ヵ条を、翌十九日に「定」五ヵ条をそれぞれ発令し、キリシタンを制限しようとした。ただし、秀吉はキリシタンを制限しようとはしたが、明快に禁止までは踏み込まなかった。踏み込めなかったといったほうがよいかもしれない。たぶん本音では禁止したかったのだろうが、南蛮貿易の収益が宣教活動の資金源になっていた構造からして、キリシタンを禁止すれば南蛮貿易もあきらめるしかなかった。南蛮貿易を継続するには、この程度の制限にとどまらざるを得なかったということだろう。

これに対して、十七世紀をまたぐころから、キリシタンの布教活動をともなわない貿易活動が胎動し始めた。イギリスとオランダである。もちろん両者ともキリスト教国であるが、前者の基盤であるイギリス国教会を含めて、いずれもカトリックに対抗するプロテスタントを主とする国であり、宗教改革に対抗して世界布教を志向する修道会の活動とは無関係にアジアに貿易を求めてやってきた。いずれも東インド会社という国策貿易会社がその中心であり、秀吉から天下人を受け継いだ徳川家康にとって、キリシタン問題と切り離して貿易ができる点で両国は魅力的な相手であった。

こうして徳川幕府は、イギリス・オランダとの関係を深めつつ、一六一〇年前後ついにキリシタンの禁教に踏み切った。ただし、最初の禁教令を特定することは難しい。現在よく知られている、幕府の禁教の意志を確認できる文書は慶長十七年（一六一二）八月六日付のものであるが、それはキリシタン禁制単独ではなく、他の条文を含めたものである。キリシタンの禁止（第二条）のほか、武家奉公人を一年契約で抱えおくことの禁止（第一条）、不審なけが人を見つけた場合の報告（第三条）、たばこの禁止（第四条）、牛を殺すことの禁止（第五条）がその内容である。

これらはこのとき初めて発せられたものではなく、何らかの理由でまとめて個別大名に指示されたものと思われる。(3) これらがまとめて発せられた理由はいまのところ不明とせざるを得ないが、少なくともこの段階で幕府の意志としてキリシタン禁制が明確に打ち出されていたことを確認できる。とはいえ、徳川家康がそれ以前から内外に禁教を表明していたことは、いくつかの史料から確実であるから、これが最初の禁教令とはいえない。(4)

家康は慶長七年（一六〇二）に、フィリピン総督に対する朱印状によってキリシタンの宣教禁止を通告したのを手始めに、同十年同じフィリピン総督宛の書簡においても宣教禁止の旨を伝えている。ついで同十七年メキシコ総督宛書状で、伝統的な神仏への宣誓によって盟約を結ぶという行為（起請文《きしょうもん》の作成）が日本列島の秩序の根幹となっているということを根拠に禁教を表明した。これらはいずれも対外向けに宣教禁止を通告したものであって、日本列島の人びとに禁教を表明したものではない。この限りにおいては、豊臣秀吉の伴天連追放令の趣旨を継承したものにすぎないといえる。

しかし、これらの動きのなかで、慶長十年に江戸・関東において、翌十一年に大坂において、家康の同意のもとそれぞれの責任者から禁教が発せられ、一部で迫害が起こったことがわかっている。したがって、いつを画期に完全な禁教に移っていったかは明快にはいえないが、幕府の意志として早い段階で禁教は既定路線になっていたといえる。

この一連の動きのなかで、もっとも禁教を促進させたのはやはり慶長十七年に起こった岡本大八《だいはち》事件であろう。よく知られているように、この事件は慶長十四年、長崎沖で起こったポルトガル船ノッサ＝セニョーラ＝ダ＝グラッサ号（通称マードレ＝デ＝デウス号、同十三年マカオで多数の日本人が殺害された事件に関与した、アンドレ＝ペッソアが司令官としてこの船に乗って長崎に寄港した）撃沈事件をめぐって、家康重臣本多正純《まさずみ》の与力岡本大八が、この事件に功績があった大名有馬晴信《はるのぶ》に恩賞の斡旋をするからと偽り、晴信から多額の賄賂を受け取ったことが発覚したというものである。

吟味の過程で大八は、グラッサ号への攻撃のやり方を長崎奉行長谷川左兵衛《さひょうえ》から批判されたとして、晴信が左兵衛を謀殺しようとしたと証言したため、さらに問題が大きくなった。大八と晴信が両者ともキリシタンであったことで、家康はもともと警戒していたキリシタンに対して、さらに強く排除するべき対象として認識した。これに関連して、たとえば当時の政治情勢を記した史料である『当代記』の慶長十七年三月十二日付の記事に、キリシタンが禁じられた旨はっきり記されている。また、家康の駿府での動向を記した『駿府記』の三月二十一日の記事によれば、キリシタンを「邪法」と位置づけるとともに京都におけるキリシタン施設が破壊されたという。これらの動きは、岡本大八事件に連動するものであっただろう。こうしてこの事件を契機にキリシタンへの弾圧は徐々に強まっていくことになる。

しかしそれでも、これを契機に全国一律にキリシタン排除が進んでいったのではない。キリシタンの存在形態や扱われ方は、それぞれの地域の事情や支配大名の個性もあって、異なっていた。幕府はキリシタン禁制という大方針は打ち出したものの、キリシタン禁制の進め方についてはそれぞれの大名に任せていたというのが実際のところである。幕府は具体的な方法を示さなかったというよりも示せなかったというほうが実態に近いだろう。

なぜならば、近世期キリシタンをあぶり出すための制度として有効に機能した寺請《てらうけ》を一律に実施するための条件が、この十七世紀前期では整っていなかったからである。特定の寺院の檀那であることをその寺院が請け負うことによって、キリシタンでないことを証明する寺請制度が成立するためには、その受け皿になる村社会の寺院が全国各地に成立していなければならないばかりでなく、なによりも特定の寺院の檀那になることができるほどに百姓の家が経済的に自立していなければならない。村社会の寺院の成立と百姓の家の自立（これを小農自立という）という二つの条件が整うのは、十七世紀中後期のことである。

キリシタンはなぜ禁止されたのか？

ところで、なぜキリシタンは幕府によって禁止されなければならなかったのであろうか。それは、キリシタンが幕府の支配方針と相容れないものであったからにほかならない。問題はその理由である。考えられる限り、以下にあげてみよう。

①宣教師の背後にあるポルトガル・イスパニアの軍事力、②神仏への宣誓で成り立っている秩序の崩壊、③神の前の平等という教義、④信仰共同体を基盤とした地域支配、⑤武装蜂起・一揆の可能性、⑥魔法を操る怪しげなイメージ、というのが幕府による禁教の論理として考えられる。

①については、宣教師のなかには宣教のための軍事的征服を主張する者がいたという事実が、先行研究によって指摘されている。(5) 宣教師による武力行使論は、徳川幕府が目指す〝平和〞（当時、これを「惣無事《そうぶじ》」といった）とは確かに相容れないものであった。ただし、イエズス会の基本方針は適応主義であったことも事実である。これは天正七年（一五七九）に日本巡察使として来日し、以後のイエズス会の布教活動に大きな影響を与えたアレキサンドロ＝ヴァリニャーノの指導のもとに示された同会の基本方針である。彼が記した『日本イエ

ズス会士礼法指針』[6]を参照すれば、既存の秩序にしたがって教勢を伸ばしていこうとするのがこのときのイエズス会の基本的態度であったことがわかる。また、ヨーロッパのキリスト教界では決して許されない偶像崇拝についても、日本の秩序を脅かさないことを優先して一定程度目をつむることを認めている[7]。しかし、それでも宣教師は一枚岩ではなく、布教活動の実をあげるために軍事的に征服することが必要だ、と考えていた宣教師が存在したことも間違いない。

②は、キリシタンを認めてしまうと、中世以来人びとが約束事を取り交わす際、神仏に誓いを立てる起請文の形式をとってきた慣行が崩れてしまう可能性がある、ということを意味する。近世権力は中世の秩序をすべて破壊してまったく新しい秩序を打ち立てたわけではなく、中世以来の慣行を継承している面があるということである。

③については、現世における平等というのではなく、あくまで来世における救済が平等であるという意味なのだが、それが現実の既存秩序に対する不満として表れる場合があったということである。浄土真宗が王法為本《おうほういほん》を基本的立場としながらも、門徒によって一向一揆が結ばれ権力と厳しく対立したのは、そうしたケースの一つである。幕府はキリシタンにも類似の性格を見たのであろう。

一向一揆は④にも当てはまる。加賀国が百年にわたって浄土真宗による「百姓の持ちたる国」になったのは、権力の集中化を目指した豊臣政権・徳川幕府の支配方針とは矛盾するものであった。同じように、キリシタンとなった地域有力者や大名が集団改宗により配下の者の入信を促し、それを精神的な拠り所として地域支配を行おうとしたのも統一権力の支配方針とは相容れないものであった。キリシタン大名の領内で寺社破壊が奨励されたり、その代表である大村純忠により長崎がイエズス会に寄進されたりしたのは、統一権力が目指す権力の集中化にもっとも矛盾する行為であった。

⑤も④と密接に関わる。ひと時代前に一向一揆が戦国大名や織田信長を悩ましたのは豊臣政権・徳川幕府にとって記憶に新しいところだったし、秀吉のキリシタン規制令では、④や⑤の点でキリシタンが真宗に似ていることが、規制されなければならない理由としてあげられている。そして、実際に寛永十四年（一六三七）に島原天草一揆が起こったことからも、権力にとってその脅威は現実のものであったといってよい。

⑥については、このあと本書で展開していくように、近世中後期において怪しいイメージがますます増幅されていくことを意味しているのであるが、注意しなければならないのは、これは秀吉の時代からすでに存在していたということである。

以上、考えられるだけ禁教理由をあげてみたが、このように列挙すると次に思いつくのは、このうちのどれが禁教の本質的理由だろうか、との問いである。しかし、その問いそのものに問題があるのではないか、というのが筆者の考えである。これに限らず、何か事件や事故が起こったり、制度や法律を整えたりするとき、一つの理由だけでその事象を説明できるだろうか。その背景には複数の要因があるのが普通であり、明快に一つの因子だけで説明できるのは稀なのではないか。だとすれば、右にあげた禁教の論理はどれもその理由として考えられ得るものであり、どれかを本質的な理由として一つに絞ることは難しい。どれもが禁教の理由として問題はない。

ただし、時期や地域には固有性があることは確かであり、それぞれの差異を無視してどれもが同じ比重で禁教政策を支えていたと見ることはできない。たとえば、①のポルトガル・イスパニアの軍事力の脅威についていえば、それが幕末までまったく変わらずに存在したということはあり得ないし、そもそもイエズス会が組織として軍事的に敵対する姿勢を貫いていたのではない。ほかの点も、時期によって重要さの比重が異なっていたことが予想される。そこで、その比重がいかなる背景により、どのように変化したのかを考えることが求められる。近世前期については本章で、近世中後期については次章で扱うことにしよう。

2 「伴天連門徒」という認識

キリシタン指導者としての「伴天連」

日本列島にキリシタンが伝わった当初、「幾利紫旦《きりしたん》」(8)というように、キリシタンに漢字をあてた表記もある一方で、キリシタンの神デウスを意味する「大《だい》うす」という呼称も見られ、特定の表記に固定されていなかった。しかし、豊臣秀吉の制限令が発令された十六世紀末以降、十七世紀前期にかけての江戸幕府の関係法令では、特定の呼称が使用されていることは注目される。たとえば「伴天連門徒御制禁也」とあるように、「伴天連門徒」というのがそれである。もちろん、この時期にも「伴天連門徒」の呼称しかないのではないが、この表記がこの時期に多いばかりでなく、それ以後の時期にはほとんど見られないという特徴を持つ。

「伴天連」はポルトガル語のpadreに由来する宣教師を意味する語で、秀吉の法令以前にも「はてれん」と呼んでいる例がある。その「伴天連」に、浄土真宗の信徒によく使われる「門徒」という言葉を付けて「伴天連門徒」と表記するのは、この宗教に対して特定のイメージがあったからだと思われる。つまり、「伴天連門徒」とは「伴天連」の勢力下にある「門徒」という意味であり、豊臣政権とそれを受け継いだ江戸幕府は、キリシタンのなかに一向一揆に類似の性質を見ていたということである。

それは、天正十五年（一五八七）に秀吉が発した「覚」にはっきりと表明されている。この法令では、加賀《かが》や越前《えちぜん》の一向一揆が「天下之さワり」になったことを引き合いに出しつつ、指導者が人びとに「伴天連門徒」になるよう強制するのは、「本願寺門徒」が真宗寺院を核にして勢力を広げていったことよりも問題であるとしているのである。確かに、キリシタン大名領では、キリシタンへの強制的な集団改宗や信徒による寺社破壊が起こっていた。

秀吉の法令は、「伴天連門徒心さし次第ニ下々成候義《しもじもなりそうろうぎ》ハ、八宗九宗之義《はちしゅうきゅうしゅう》候間不苦事《くるしからざること》」とあるように、キリシタンの全面禁止を命じたものではない。これに対して、江戸幕府のそれは全面的に禁教を表明したものであるという違いはある。しかし、「伴天連門徒」と表記する限り、キリシタンに対する幕府のイメージは秀吉のそれと大差ないものと

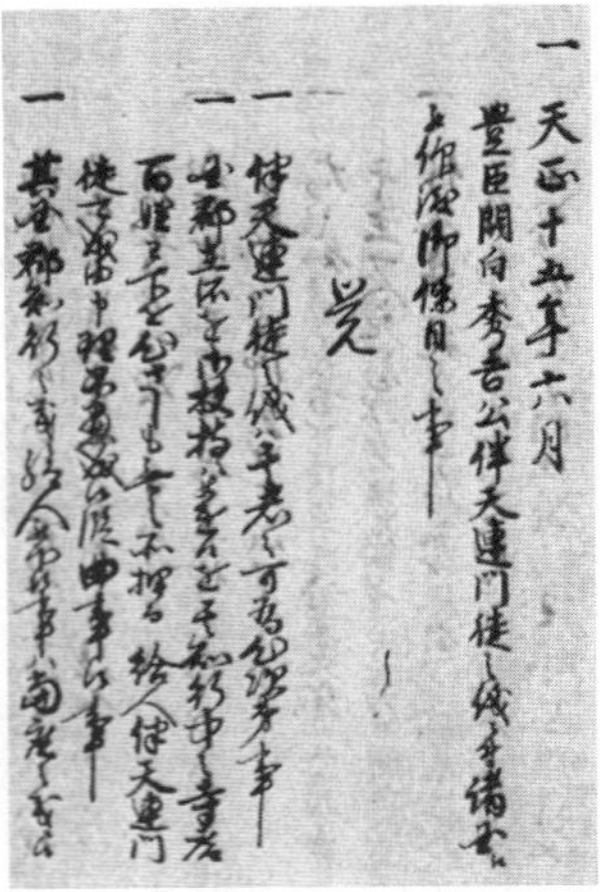
豊臣秀吉のキリシタン規制令。「伴天連門徒」の文字が見える。神宮文庫蔵

思われる。

実際、地域による偏差はありながらも一六一〇年代後半から二〇年代にかけてキリシタンに対する激しい迫害が展開されたが、宣教師が残した殉教の記録などを見てみると、宣教師のほか兵農未分離状態における地域有力者など、比較的上層階級のキリシタンが弾圧の標的にされたことがわかる。中央集権的な支配体制を志向していた幕府にとって、キリシタンを基軸とした地域支配が行われることは看過できないことであり、この時期のキリシタン禁制の重点の一つはここにあったと思われる。したがって、「伴天連」は狭義には宣教師を意味したことはもちろんだが、広義にはキリシタン指導者をも含んでいた可能性がある。一六三〇年代までの幕府の禁教政策は、土豪・地侍などのような地域有力者を含むキリシタン指導者がおもな取り締まり対象であった。

ところが、一六四〇年代に入るとこの傾向は一変する。「伴天連門徒」という呼称は消え、「切支丹」（または「吉利支丹」）という表記が一般的になっていくのである。「伴天連門徒」から「切支丹」への転換の背景には何があったのか。キリシタンに対する幕藩権力の見方が変化したという理由が考えられるが、その契機はやはり、寛永十四年（一六三七）から翌年にかけて西九州で起こった島原天草一揆であろう。

この事件は、この地域を支配していた有馬氏や小西氏の旧臣であった牢人たちが指導した一揆だったというが、参加者の多くはキリシタンを一度棄教して、それから再び信仰に「立《た》帰《かえ》」った百姓であった。指導者たちはかつて有馬氏や小西氏に仕えていた者たちであったことは確かだが、村役人を務めるなど階層的には百姓の側に押し込められた者たちであった。幕藩権力の認識も、一揆当初から終結までキリシタン一揆というものであって、「伴天連」に率いられた土豪一揆という印象ではなかった。キリシタン民衆が主体となって起こった島原天草一揆は、キリシタンを「伴天連門徒」から「切支丹」と表記するようになる重要な契機になったといえよう。

また、厳しい禁教政策によって、一六三〇年代には表面的であれ、ほぼキリシタンは一掃された。宣教師はもちろんのこと、地域社会における指導者の役割を果たしてきたキリシタン武士・土豪も殉教するか棄教したものと思われる。このような経過を経て「伴天連」が消滅したことも、「伴天連門徒」から「切支丹」へと表記が転換した背景であっただろう。

島原天草一揆の画期性

これを受けて、一六四〇年代以降、今度は民衆レベルのキリシタンをどのように根絶するかという点に、キリシタン問題に関する幕藩権力の力点が移動することになった。その延長線上に、寺請により毎年個別に確認するという方法で実施される宗門改《しゅうもんあらため》が、一六六〇年代に全国的に制度化することになるが、それは初めから全国一律に実施されたのではなかった。この過程については後述するが、島原天草一揆以前の一六三〇年代までのキリシタン禁制は、次の二つの特徴を持っていたといえる。

一つは、この時期のキリシタン禁制には地域性があったということである。幕府は一六一〇年代に禁教方針を明確にするにはしたが、どのような手段でキリシタンを探索するかなど、具体的な方策を指図することはなかった。幕府は禁教の大方針を示したにすぎなかったから、その現実の運用はそれぞれの地域によって温度差があった。キリシタン信徒数の密度の濃淡、キリシタンに対する領主の姿勢など、地域固有の諸条件によって、早くから禁教を徹底した地域もあれば、かなり遅くまで禁教が徹底しなかった地域もあった。

もう一つは、この段階では信徒一般よりも、キリシタン指導者への弾圧に重点が置かれていたということである。先に見たとおり、この時期の幕府のキリシタン関係法令では、キリシタンはおもに「伴天連門徒」と表記された。「伴天連」の語は宣教師とともに、キリシタン信徒の地域指導者を含めて指していた場合もあったと思われることから、「伴天連」の勢力下にある信徒とされたキリシタンに対するこの時期の弾圧は、キリシタン指導者にこそその重点があった。

このように、当初のキリシタン禁制の徹底度には地域的偏差と身分的偏差があったのであるが、両者が一律の方向に向かって転換するきっかけとなったのが、寛永十四年（一六三七）から翌年にかけて西九州で展開した島原天草一揆である。この一揆によって直ちに全国一律の禁教が徹底されたのではないが、これを契機にキリシタン禁制は、それぞれの領主が個別に対応する政策ではなくなった。キリシタンは幕藩権力にとって一体となって根絶しなければならない対象となったのである。[9] この点は、「4　宗門改制度の成立」で詳述する。

3　島原天草一揆の性格

経済闘争か、宗教戦争か

ところで島原天草一揆は、幕藩体制成立期の矛盾が大きな規模で表出した最初の事件として知られている。以前、筆者は『検証　島原天草一揆』（吉川弘文館、二〇〇八年）を書き、この一揆の多様な性格を描いてみたが、[10] 本書でもあとの議論の前提として必要なので、重複をいとわず核心部分を再論してみよう。

この一揆をめぐる議論としては古くから、経済闘争か、宗教戦争か、という問題がある。戦後歴史学では、この一揆の本質は領主による厳しい収奪から引き起こされたものであったとし、一揆勢がキリシタンのもとに結集したように見えたとしても、それは副次的な問題にすぎないとする評価が一般的であった。これは島原天草一揆を経済闘争と見る見方である。これに対して、近年の研究では、このようなキリシタン外皮論を批判し、この一揆を宗教戦争と見る見方に傾斜しつつある。

この一揆が、厳しい禁教政策に屈して一度棄教した者が再び信仰を表明した「立帰」りキリシタンによる蜂起であったことは、よく知られている。しかし、自ら進んで「立帰」るばかりでなく、信仰強制のうえ、参加強制が発動されて加わった者も少なくなかった。一揆の展開のなかで、一揆勢による非キリシタンへの攻撃や寺社破壊が起こったことから、十六世紀後期のキリシタン大名領における類似のことと照らし合わせて、一揆勢はキリシタン大名時代への回帰を志向していたとの指摘がある。十六世紀後期から十七世紀前期にかけて、キリシタンが広まった地域社会では、キリシタンと非キリシタンの激しい抗争が展開された。キリシタン禁制という幕府の宗教政策は、このような民衆の間に起こった宗教対立を収束させるためのものであったというのである(11)。

この見方には二つの研究史的意義がある。一つは、権力対民衆という単純な二項対立的評価に再考を促したことである。これは、被治者内部の多様性や矛盾に注目したという点で重要である。もう一つは、宗教の歴史的役割に注目したことである。戦乱期の地域社会には、飢饉・災害・戦乱から逃れるために、キリシタンにすがるか、神仏にすがるか、との決定的対立があった。島原天草一揆はその帰結である、と位置づけたわけである。宗教の選択が人びとの行動を規定した、との指摘は重要である。

一揆勢は混成集団

しかし、そもそも経済問題と宗教問題の二項対立的議論でいいのか、という素朴な疑問がある。この一揆に限らず、どんな枠組みであっても、正反対の要素が含まれているケースは珍しくない。矛盾している事柄を含まない場合のほうが稀である。したがって、むしろ一見矛盾している要素を丸ごと受け止めて、それらを総体としてどのように評価するか、という姿勢が重要であると筆者は考える。

一方、この一揆がその後の近世人へどのような影響を与えたのか、という点については、これまでの研究ではあまり検討されてこなかった。近世期を通じて、秩序が動揺するような状況になるとこの一揆のことに言及されるケースが多いこと、この一揆を題材にした一揆物語が広く出回っていること、などからこの一揆が広く近世人に記憶され続けたことは確実である。したがって、この一揆がその後の近世日本の国家と社会にどのような影響を与えたのかを考えることは、近世の日本がどのような時代であったのかを考えることにもなる。

島原天草一揆の時、一揆勢に首を切り落とされたという地蔵。島原市・本光寺

この一揆は「立帰」りキリシタンによる蜂起であったとはいえ、すべて熱心なキリシタンによって構成されていたのではない。一揆には、殉教を望んで参加した者もいれば、その後も生きるために参加した者もいるし、自らの

正当性を主張して加わった者もいれば、参加を強制されてやむを得ず加わった者もいた。一揆勢は混成集団であった。そのような多様な集団の紐帯《ちゅうたい》になったのが、キリシタンという神威である。

読者のなかには、キリシタンの信仰が希薄な者や非キリシタンを含んだ集団が、キリシタンという神威のもとに結束するなどということが本当に可能なのか、という素朴な疑問がわく方もおられるかもしれない。この問いには、中世以来の一揆と比較してみることを提案したい。そもそも一揆とは、神仏への誓約である起請文の作成と一味神水という宗教儀礼を経て結束した集団である。したがって、その集団には神仏の神威に守られているという意識があり、だからこそ大きな力を発揮することができたといえる。このとき、一揆に加わった者すべてが熱心な神仏信仰の実践者であった、とは断言できない。一揆の参加者には、信仰心が希薄な者も参加していたと考えるほうが自然だろう。たとえ信仰心が希薄であっても自らの要求を訴えて、神仏の神威に守られている一揆に参加するというのはあり得ることである。

島原天草一揆の場合、一揆の神威が神仏からキリシタンに代替されたと考えれば特別に不思議なことにはならない。キリシタンの神威のもとに、混成集団としての一揆勢は正当性を帯びた集団となって幕藩権力に抵抗した。

幕府軍の指揮をとった松平信綱《のぶつな》は、原城籠城中の一揆勢に対して矢文《やぶみ》を放ち、キリシタン信仰が希薄な者や非キリシタンの投降を呼びかけた。信綱はさらに、城内にいる非キリシタ

島原陣図屏風。朝倉市秋月博物館蔵

ンと一揆勢総大将天草四郎の親族を入れ替えようと画策した。四郎の母・姉など親族は熊本藩領江部《えべ》村に居住していて、一揆蜂起とともに四郎に呼び寄せられる手筈になっていたが、その前に熊本藩によって拘束されていたのである。従来、非キリシタンへの投降勧告や四郎親族と非キリシタンとの入れ替えは、混成集団としての一揆勢の結束に揺さぶりをかけて、早期に落城させるための手段であったと見られてきたが、ここには、信綱の深遠な意図を読み取ることができるように思われる。

信綱はこの一揆をキリシタン一揆で終わらせたかったのだと思う。そうすれば、すべてキリシタンのせいにすることができるからである。幕藩権力にとってこの一揆は、発生当初から一貫してキリシタン一揆として認識されていた。ところが、一揆の展開過程のなかで参加強制が発動されるなど、キリシタンに篤信な者ばかりが一揆勢を構成していたのではなかった。信綱もそのことをよく知っており、混成集団の状態のまま幕府軍が原城を総攻撃すれば、罪のない者を幕府の手によって殺してしまうことになる。「とがなきもの」を殺してしまうのは幕府の本意ではない、というのが信綱の認識であった。建前としては、幕府は慈悲深い治者として百姓を保護する立場にあり、混成集団としての一揆勢を殺戮することはそうした立場を放棄することになりかねない。したがって、信綱にとっては、一揆が純粋なキリシタン一揆であったほうが都合がよかったのである。

しかし、一揆指導者は混成集団であること自体を否定し、最後まで、キリシタンとして命運を決することを表明した。こうして寛永十五年（一六三八）二月二十七・二十八日、幕府軍が原城総攻撃を実施し一揆勢をすべて殺戮した結果、信綱の懸念は現実のものとなった。混成集団としての一揆勢を殺戮したという現実を、幕府はどう説明するのか。一揆を収束させた幕府にとって、それが次の課題となった。

近世人にとって一揆とは島原天草一揆のこと

島原・天草の領主、松倉勝家《かついえ》・寺沢堅高《かたたか》に対しては、前者には死罪・改易、後者には天草没収（のち自害・改易）という厳しい処分が下された。史料のなかには、原城落城後一ヵ月が経った四月、幕府軍に従軍した諸大名が小倉《こくら》に集められ、将軍徳川家光の意向として、松倉勝家の改易が申し渡されたとするものがある。たとえば、『島原記』という史料では、一揆後、幕府軍の指揮をとった松平信綱・戸田左門が天草・長崎・大村・名護屋・唐津・福岡など九州各地を巡見したあと小倉に到着し、そこに上使として江戸から太田資宗《すけむね》がやってきて将軍の意向を諸大名に伝えたとされる。そして、領内の仕置が日頃よくなかったという理由で松倉勝家には死罪が、寺沢堅高には閉門が命じられたとされている。[12]

ほかにもそうした趣旨の記述は、幕府軍に従軍した熊本藩主細川忠利《ただとし》から父忠興《ただおき》へ宛てた、四月十二日付の書状など複数の史料に見えるので、事実だろう。ただし、処罰理由については、この段階では必ずしも明快ではなかった。[13]

一揆の原因に対する幕府の公式見解として、領主苛政がはっきり確認できるのはその年の七月のことである。『江戸幕府日記』には「常々不作法《ぶさほう》」があったとある。こうして、島原の領主松倉勝家と、天草の領主寺沢堅高の苛政がこの一揆の原因であるとされ、以後、時代の経過とともにそれが定着していった。

たとえば、松倉家を中心に描いた一揆の記録である『嶋原一揆松倉記』では、その末尾に、幕府に怨みがあるのか領主に怨みがあるのかを問う、「原城中」宛ての「松平伊豆守」の矢文と、領主に恨みがあるとする「松平伊豆守」宛ての「天野四郎」の矢文がセットで掲載され締め括られている。[14]また、『嶌原状』と表題のある寺子屋の手本には、細部に異同があるものの、基本的には同じく右の二通の矢文がそのまま含まれている。[15]さらに、十九世紀初期に編纂されたという、処罰された大名を編年で列記した『廃絶録』[16]や幕府正史の『徳川実紀』でも、領主苛政が強調されている。

このように、この一揆に対する幕藩権力の認識は、一揆最中と一揆後で大きく変化したことが認められる。すなわち、キリシタン禁制への不満から起こったという認識から、領主苛政への不満から起こったという認識へと、一揆の原因が変化したということである。

ここまで見てきたような幕藩権力の一揆認識の変化に対応して、十七世紀中後期以降に成立した島原天草一揆の記録や脚色された一揆物語では、ほとんどが領主の苛政をこの一揆の重要な原因とし、それが広く江戸時代を通じて近世人に読まれることになる。このような島原天草一揆を題材にした一揆物語では、一揆の仕置後、安定した世の中になったとして、幕府の治世を称賛して閉じるというのがおおかたのパターンである。

たとえば、仮名草子の『嶋原記』の末尾では、「かゝる御成敗《せいばい》の上ハいよ〱海内《かいだい》しづかにして、士農工商《しのうこうしょう》にいたるまでゐいように任《じゅう》せし事、つたへきく延喜《えんぎ》・天暦《てんりゃく》の聖代《せいたい》もこれにハすぎしとぞ見へし」[17]とあり、『四郎乱物語』の末尾では、「其後、高来天草の両所にハ、守護人御入部有て、世ハ太平と成にけり」[18]とある。これに類似の記述は、秋月藩の古老の語りを記した『嶋原一揆談話 乾』にもある。この記録では、この一揆は領主松倉の苛政への恨みから、「切支丹」が徒党を組んで一揆に及んだものとして描かれている。[19]それは裏を返せば、島原・天草を治めていた松倉・寺沢がいかに過酷な領主であったかを強調しているということを意味している。だとすれば、これらは松倉・寺沢を反面教師とし、すべての領主に対して「仁君」「明君」たるべきことを要求しているということになる。

近世人にとって、一揆とは島原天草一揆のことをイメージした。これは、現代人が百姓一揆と認識している事件（十七世紀中期～十八世紀後期）の一次史料では、その事件を表す語として、一揆の語がほとんど登場しないことと照応する。[20] 領主に対して百姓が集団的に何かを要求しようとするとき、領主も百姓も、これを一揆と認識することを避けようとしたのである。

領主としては、一揆が起きたことを認めれば、島原天草一揆の原因をつくった松倉・寺沢と同じように「仁君」「明君」でないことを認めたことになる。百姓にとっても、自分たちの行動を一揆として認めれば、公的な存在としての「御百姓」を成り立たせる「仁政」の回復を求めるという正当性が失われてしまう。領主も百姓も、いま目の前で起こっていることは島原天草一揆のような事件ではないことを強調する必要があったのである。松倉勝家・寺沢堅高に対する処分の重さが、近世期を通じて領主と百姓の間の緊張関係を保持したといえよう。

ただし、近世期を通じて、この一揆がキリシタン一揆であるという認識が希薄になったのではない。島原天草一揆が語られるとき、領主苛政とともに「切支丹」邪教観もセットに語り継がれた。もちろん、一揆の背景に松倉・寺沢の領主苛政があったことと、この一揆がキリシタンを基盤とした一揆であったことは、実態としてもあったことは間違いなく、キリシタン禁制への不満から領主苛政への不満へと力点がシフトしたのは、あくまで認識の軸足をどちらに置くかという違いにすぎない。

近世人にとって一揆といえばこの島原天草一揆を思い浮かべたということは、近世期、「切支丹」はそのような秩序を乱す「邪」の象徴として、一揆と緊密に結びつけて記憶されていったということである。だとすれば、松倉・寺沢の政治の対極にある「仁政」の中身もふたつのことが含まれていたと考えるべきである。すなわち、百姓の経営維持を保障することと、「切支丹」のような「邪」から百姓を守ることがそれである。経済問題と宗教問題は、島原天草一揆を引き起こした両輪である。そのうちのどちらかが主でどちらかが従という関係ではない。島原天草一揆の原因をつくった松倉・寺沢の治世は、その両方を疎かにしたという意味で近世領主の反面教師であった。

4　宗門改制度の成立

宗門改役井上政重の登場

島原天草一揆の衝撃を受けた幕藩権力にとって、キリシタン禁制は徹底的に貫徹しなければならない政策となった。以後、幕藩権力はキリシタンの根絶のための方策を模索していくようになる。しかし、先に指摘したとおり、幕府はキリシタン禁制という大方針は提示しても、その方法についてまで細かく指示したのではなかった。指示しなかったというよりも、指示できなかったというほうが正しい。なぜならば、この段階では、民衆レベルのキリシタンを根絶する方法について自明ではなかったからである。

幕府は大目付井上政重《まさしげ》を中心に全国的に潜伏キリシタンの摘発を進めていった。もっとも、島原天草一揆直後から井上が専任の宗門改役という役職に就いていたのではない。キリシタン探索の強化という方針のもと、多数のキリシタンが露顕するという現実問題のほうが先行するなかで、とりあえず大目付の井上がそれを担当したというのが実際のところである。その井上のもとに潜伏キリシタンの情報が集まっていった結果として、キリシタン問題専門の役職である宗門改役が成立したということだろう。

寛永の飢饉と呼ばれる状況に対応する経済問題と、島原天草一揆で一揆結集の核となったキリシタンの根絶を目指す宗教問題とが、この時期の幕藩権力の主要な課題であったが、幕府は両者に対して同時並行的に対応しており、当初は未分化であった。ところが、キリシタン探索の緻密化が目指されるなかで両者が分掌化され、寛永二十年(一六四三)以降、事実上一元的に井上のもとで潜伏キリシタンの摘発が全国的に進められていった。このとき正式な名称はまだないが、ここに幕府の宗門改役が成立したといえる[21]。

井上政重によるキリシタン摘発は、全国から集めた情報をもとに被疑者を管轄する領主へ照会のうえ、国許《くにもと》の領主に吟味させるという手順で進められた。たとえば、岡山藩では寛永二十年から慶安四年(一六五一)まで、このルートで訴追されていたことを確認できる。岡山大学図書館の池田家文庫の関連史料を検討してみると、次の二点を指摘することができる。第一に被訴人は都市部に集中していること、第二に訴人は全国的に広がっていることがそれである。

筆者が数えたところ、訴追された四五人のうち三二人が岡山城下に居住していた。被訴人の約七割が都市部で生活していた者であり、その生業は菓子屋・武家奉公・医者・謡師匠・

小間物屋など一定ではない。それと関連して、彼らの出身地は岡山藩地域とは限らない。半数近くが不明であるものの、備前《びぜん》出身者は一〇人にとどまっており、ほかはみな他国出身者であった。一方、訴追元は備前からの六件がもっとも多いものの、ほかは他地域からの訴追であり、陸奥《むつ》から筑前《ちくぜん》まで全国的に広がっている。被訴人の多くは、広く移動した経歴を持つ者であり、それはこの時期、日本列島の内部が流動性の高い社会であったことを背景としている。

つまり、ここで摘発されたのは頻繁に移動を繰り返す潜伏キリシタンであり、農村で集団的に信仰を保持していた地域（崩れと呼ばれる潜伏キリシタンの集団露顕が起きたような地域）の集団型の潜伏キリシタンとは異なる。彼らは個別に信仰を保持し、都市に滞留したり都市間を流動したりする散在型の潜伏キリシタンであったと思われる。この井上の指導による全国的な潜伏キリシタンの摘発は、その後のキリシタン禁制政策に対して二つの影響を与えた。

一つは、キリシタンは藩が個別に対処することではなく、幕府の指導のもとに処理する国家的な問題であると認識されたことである。井上は潜伏キリシタンの情報を全国的に求め、そうして集めた情報をもとに各藩に召し捕りを命じた。それが重要人物の場合、江戸に送ることも命じ、それを井上が吟味した。こうして次々に潜伏キリシタンの情報を得て、全国的に摘発がすすめられた。つまり、各藩が個別に領内の潜伏キリシタンを捜索して摘発したのではなく、潜伏キリシタンの情報を一元的に集めた井上の指示によって各藩に潜伏キリシタンの摘発が命じられたということである。

井上の指導による潜伏キリシタンの全国的摘発が、その後のキリシタン禁制政策に与えたもう一つの影響は、すべての人民の宗旨を毎年改める宗門改の全国的制度化を促したことである。井上の観察によれば、キリシタンの潜伏が可能かどうかは、領主がキリシタン取り締まりにどれくらい力を入れているかによるとされた。井上の後任北条氏長《ほうじょううじなが》が、井上時代のキリシタン取り締まりについてまとめた記録である『契利斯督記《きりしとき》』には、「宗門穿鑿心持《せんさくこころもち》之事」と題する一節の最後の箇条において、「国主《こくしゅ》吉利支丹宗門之仕置善悪有之《しおきぜんあくこれあり》、宗門ノ考へアシキ仕置ノ国ニハ、カクレ候事マギレヤスキニヨリ、其国ニハ必吉利支丹宗門アリ」[22]とある。潜伏キリシタンの存在は領主の仕置によると指摘された。井上から領内の潜伏キリシタンを指摘されることは、藩にとって大きな圧力となったに違いない。こうした動向を受けて、諸藩は幕府の宗門改役の指導を受けるのではなく、恒常的な制度として領内に潜伏キリシタンが存在しないことを証明する施策を独自に求めていった。

したがって、幕府によるキリシタン対策だけが先行したのではない。諸藩も独自にキリシタン対策を進めており、幕藩権力はそれぞれの立場でキリシタン根絶のための方策を試行錯誤していたといえる。その結果として成立したのが宗門改制度であった。

当初一律でなかった宗門改の手段

キリシタンを徹底的に排除する手段として幕藩権力が採用した、宗門改に関わる幕府法令は次のものが知られている。幕府は諸藩に対して、万治二年（一六五九）に五人組と檀那寺の確認を、寛文四年（一六六四）に宗門改役の設置をそれぞれ指示し、次いで幕府領に対して、寛文十一年、宗旨人別帳の作成を命じた、というのがそれである。一般的には、諸藩もそれにならった結果、この時期に全国的に宗門改制度が成立したといわれる。

事実として、毎年人別に檀那寺が保証する（これを寺請《てらうけ》という）ことによってキリシタンでないことを証明する宗門改制度が、どの地域でも行われるようになったのは確かに寛文期（一六六一～七三）である。しかし、これが右の幕府の命令によるものであったという見方は事実に反する。なぜならば、それ以前から実施していた藩もあったからである。結論を先にいえば、民衆の宗教統制の要になる宗門改制度は、幕府からの一方的な命令で開始されたものではない。その経緯は以下のとおりである。

宗門改の始まりを確定することは難しいが、一六三〇年代に広く諸地域で行われるようになったことは確かである。たとえば金沢藩では、寛永七年（一六三〇）七月付で、岩屋村善右衛門ほか七人の百姓が藩役人と思われる田丸兵庫に宛てて、自分たちは聞名寺《もんみよう》の檀那で本願寺門徒である旨届けている書付がある。(23) この奥書に聞名寺が判形を押し本文の内容を請け負っているので、もっとも早い寺請による宗門改の一例としてよいだろう。

ほかにも、幕府領相模《さがみ》国高座《こうざ》郡羽鳥村の寛永十二年十月十五日付で、宗賢《そうけん》院（禅宗）の僧侶が羽鳥村名主四郎兵衛に宛てて、特定の村内百姓について檀那である旨請け負っている書付(24)の例や、小浜藩領江良浦《えらうら》の寛永十二年十一月二十八日付で、檀那寺を人別に書き上げている例などがある。[25] また、小浜藩では、寛永十二年九月七日付で藩主酒井忠勝が国許家老に宛てた書状に寺請による宗門改を促す指示が見える。キリシタンでない証拠として、領民が頼りにしている寺の僧侶から手形を取るように命じられているのである。[26]

また、大村藩では寛永四年に本常坊《ほんじようぼう》という僧侶が甚右衛門尉の家族をはじめ中山村一一四人分をまとめてキリシタンでない旨、請け負っている史料がある。ここでは「御経《おきよう》を戴《いただ》」くという行為をしてもらったことを明記して、その証拠としている。経をいただくとはどういうことか。確実なことはいえないが、僧侶に経をあげてもらったか、あるいは仏教の経典を頭に掲げる行為をしてもらったということかと思われるが、確かに僧侶がキリシタンでないことを請け負っている事例である。ただし、中山村の村民全員が本常坊の檀那であったとまでいえるかどうかは定かではない。

このように、寛永年間以降、特に一六三〇年代に入ると各地で寺請による宗門改が広く行われるようになったことが確認できる。しかし、これらの事例はいずれもそのときに限定された探索であって、恒常的な制度がこのとき始まった（あるいはすでに存在していた）とはいえない。一人一人人別で檀那寺を確認している事例も確かに窺えるが、当主だけが調べられていて他の家族が吟味されていないケースも珍しくなく、宗門改帳が作成されている形跡も感じられない。

大村藩の寛永四年の事例には、キリシタン転び証文の形式をとりつつ、俗人が複数家族を請け負っているものがある。領内西高田村の長右衛門をはじめ六家族二三人分を田崎伝兵衛・同兵右衛門の二人が代表者としてキリシタンでないことを宣誓し、それを中納言《ちゅうなごん》なる俗人がこの地域を知行している堀内長介に請け負っているのである。(27) 中納言なる人物は何者で、ここに見える人びととどのような関係にあるか詳細は不明である。ここでもキリシタンを棄教した証拠に「経頂《きょうをいただく》」という行為を行ったとされているが、この行為が檀那寺によるものとはいえず、これは俗請《ぞくうけ》による宗門改の事例であるとしてよい。

この事例のように、宗門改が広く全国的に行われるようになったといっても、その方法は寺請に限ったことではなく、俗請の場合もあり得た。人別でないケースのほうが多く、一律的・恒常的な制度でなかったということをここでは確認したい。また、キリシタンが広まった状況にも地域によってばらつきがあり、その密度がそれほど高くない地域ではこの時期、宗門改は積極的に行われなかったものと思われる。

岡山藩における宗門改の最初の痕跡は、承応四年（一六五五）の史料である。もっとも、史料が現存していないというだけのことかもしれないので、一六三〇年代以来、いっさい宗門改が実施されていなかったとは断言できない。それでも、岡山藩では一六五〇年代に毎月宗門改が行われていたようであるが、それを請け負っていたのは村役人であったので、この時期においても寺請ではなく俗請の方法によってであったことは注目される。同藩では藩主池田光政《みつまさ》の個性もあり、一六六〇年代の一時期、神職が請け負うという方法で宗門改が実施されたこともあった。こうした事実を念頭におけば、キリシタンをめぐる地域の事情と領主の個性により、一六六〇年代に宗門改制度が全国的に成立するまでは多様な方法があり得たといえる。

以上のように、島原天草一揆後、幕府と諸藩はそれぞれの立場でキリシタン根絶に向けて、その手段の試行錯誤を繰り返していた。その過程のなかで幕藩権力は、外部からの流入者への警戒とともに、内部の定住民への注視を同時に行いつつ、キリシタンという宗教の根絶には仏教という宗教による監視態勢がもっとも有効であるとの実感を持つようになった。

その試行錯誤のさなかに、いくつかの地域で集団型の潜伏キリシタン発覚事件が発生した。肥前《ひぜん》国の大村藩領における郡《こおり》崩れ（明暦三年〈一六五七〉）、豊後《ぶんご》国の臼杵藩領他における豊後崩れ（万治三年〈一六六〇〉）、尾張《おわり》国・美濃《みの》国の尾張藩領・旗本領における濃尾崩れ（寛文元年〈一六六一〉）、と後世に呼ばれる事件がそれである。これらの事件では、被疑者はいずれも「切支丹」と認定され、処刑された。これを直接的契機として幕府は、万治二年（一六五九）に五人組と檀那寺の確認を、寛文四年（一六六四）に宗門改役の設置をそれぞれ指示し、次いで幕府領に対して、寛文十一年に宗旨人別帳の作成を命じたのである。諸藩はそれより以前から、独自に宗門改の制度化を進めており、この延長線上に、毎年、人別に寺請という手段によってキリシタンでないことを証明する宗門改制度が全国的に成立した。このような徹底した宗門改制度により、少な

郡崩れの首塚の跡

くとも表面的には、幕藩体制下に一人もキリシタンが存在しない状態となった。

5　踏絵の二面性

「古絵」の由緒

キリシタンが多数存在した九州地域では、宗門改の際、キリシタンの信仰対象を足で踏ませる絵踏みが同時に行われたところもあった。しかし、その道具である踏絵はキリシタン禁制を推し進めた権力にとって厄介な存在でもあった。本章の最後に、平戸藩が踏絵の取り扱いに苦慮していた様子を紹介しよう。

ここに紹介するのは、寛文八年（一六六八）十二月、平戸藩が長崎奉行から踏絵を借り受ける際、長崎に派遣された藩士山本甚左衛門が交渉した経緯の記録である。(28) この史料によれば、平戸藩はこのときすでに江戸で老中と幕府宗門改役の北条氏長・保田《やすだ》宗雪《むねゆき》に了解を取り付けてあり、現物の踏絵受け取りのため平戸藩宗門改役の三井新左衛門・秋山忠右衛門とともに山本甚左衛門を長崎に派遣したという。この史料には、平戸藩が長崎奉行から踏絵を借り受けたという事実ばかりでなく、その際にそれまで同藩が保持し、踏絵として使用してきたキリシタン遺物の処分についてのやりとりが記録されており、たいへん興味深い内容が含まれている。

そもそも老齢の山本（このときの年齢は明らかでないが、史料には「年も罷寄候《まかりよりよりそうろう》」とある）が藩の宗門改役に同行した理由は、この踏絵を保持していた由緒について長崎奉行に説明するためであった。山本が話す由緒によれば、同藩が保持していたキリシタン遺物とは、先代の藩主松浦《まつら》隆信《たかのぶ》が長崎に詰めていた時代の慶長十九年（一六一四）に、平戸藩が捕らえた「伴天連」の持ち物の「切支丹之仏」を当時の長崎奉行に所望して手に入れたものや、幕府の許可を得て彼らの持ち物を絵に写したりしたもの、というのであったらしい。それは、徳川家康から長崎の「切支丹寺」を破却するよう命じられ、「伴天連・いるまん」が「南蛮国」へ追放になったときや、その捜索の際、五島藩領・平戸藩領の海上に不審な船が航行していたのが発見されて「伴天連」が捕らえられ、平戸藩にて火あぶりになったときのことであったという。そして、以来五〇年の間そのキリシタン遺物を踏絵として領民に踏ませ、キリシタンの探索に使用してきた。長い間繰り返し多くの者に踏ませてきたためにそれがすり減って使用にたえなくなったというのが、今回長崎奉行に対して踏絵を借り受けることを申し出た趣旨であった。

この史料のなかでもっとも興味深いのは、長崎奉行から踏絵を借りる際に、それまで平戸藩領内で使用してきた踏絵を持参のうえ、その扱いについて平戸藩が長崎奉行の意向を慎重に確認しようとしていたという点である。山本らは長崎奉行河野通定《みちさだ》に面会する前に、以下のように長崎の有力町人である高木作右衛門に相談している。すなわち、もしこれまで平戸藩が保持してきた「古絵」を特別な理由なしに平戸藩へ返された場合、その「古絵」を長崎に留め置くか、割り捨てるか、焼き捨てるか、長崎奉行のほうからはっきり命じてほしいと思っているのだが、平戸へ持ち帰るということになった場合、焼き捨ててもいいかと聞いてみようと思うがどうだろうか、というのである。これに対して、高木はもっともなことだと同意し、そのうえでなお指図がない場合は「古絵」を平戸へ持ち帰ってその詳細を藩主に報告するほかないだろう、と応じている。

長崎奉行所では、取次の大塚市左衛門を介して河野の意向が山本らに伝えられた。それによれば、平戸藩主の意向がよくわからないのでこの「古絵」をどうしろとはいえないとのことであったので、山本は「古絵」について平戸藩主には特別の意向はなく、長崎に留め置くも割り捨てるも焼き捨てるも長崎奉行の意向次第であると返答した。こうしたやりとりがあったうえで、結局、長崎の宗門改役二人と平戸藩の宗門改役三井新左衛門・秋山忠右衛門の都合四人の立ち会いのもとで廃棄することになり、「切支丹之仏 幷《ならびに》 絵板四枚箱迄」を念入りに打ち割ったうえで焼き、その灰を取り集め捨てた。

信仰対象となり得る踏絵

以上が「古絵」の処分をめぐる経緯であるが、問題はなぜ平戸藩がこれほどまで慎重に「古絵」を扱わなければならなかったのかということである。平戸藩の判断で「古絵」を処分してもよさそうなものだが、なぜそうしなかったのか。

それはやはり「古絵」が特別の「宗門之絵」であったからである。踏絵として使用できるということは、信者にとっては信仰対象になり得る。踏絵には両面性があった。だとすれば、厳禁されているキリシタンの信仰対象を平戸藩は所有しているということになり、そのことの是非を問われる可能性があるという意味で慎重に対応しなければならなかった。踏絵を借り受けるのに、宗門改役でもない老齢の山本甚左衛門がわざわざ長崎まで同行して、平戸藩が「古絵」を保持している理由を説明しなければならなかったのもこの文脈から理解できる。

実際、生月島《いきつきじま》・平戸島に二十世紀まで潜伏キリシタンの系譜を引く信仰集団が存在したことが知られていることから、十七世紀中期の平戸藩領内にはキリシタンが多数潜んでいたことは確実である。領内にキリシタンが潜伏していることを平戸藩が認識していたかどうかは何ともいえないが、同時期に他地域でキリシタン大量露顕事件が起こっている（一六五七年肥前郡崩れ、一六六〇年豊後崩れ、一六六一年濃尾崩れ）ことから、平戸藩がその可能性についてまったく疑わなかったということはないだろう。キリシタンが潜伏しているかもしれない藩にとって、キリシタン遺物を保持しているというのは幕府から疑いの目で見られる可能性があり、きわめて危ういことだったはずである。

生月信者発見九十年記念碑。生月島・山田カトリック教会

ところで、踏絵は寛永五年（一六二八）に長崎奉行水野守信《もりのぶ》によって始められたといわれる。ただし、踏絵が長崎奉行の指導のもとにキリシタンを探索する手段として年中行事化されたのは寛文年間（一六六〇年代）であり、それも信者の多かった九州地方に限られた。九州のなかでも実施されなかった地域もあり、踏絵を実施するかどうかはそれぞれの藩の判断によっていた。キリシタン禁制は幕府の重要な宗教政策として幕末まで揺るぎないものであったが、それをどのように貫徹するかは諸藩の意向次第であった。先に見たように、同じ時期に檀那寺による寺請を毎年確認する宗門改が全国的に制度化されたのも、島原天草一揆（一六三七～三八）の衝撃を受けて諸藩が自領内からキリシタンを締め出す方法を模索した結果、もっとも有効な手段だとされたからである。

幕府はキリシタン禁制の大方針を示すのみでそれを貫徹するための方法を一律に諸藩に命令した痕跡はない。もし自領内にキリシタンがいることが発覚すれば、藩の対応が手ぬるいことを幕府から咎められる可能性があり、諸藩は自らの判断でキリシタン禁制を徹底する手段として宗門改を実施したといえる。他地域に比べてキリシタンが濃密に存在した九州諸藩において、寺請の確認という宗門改に加えて踏絵を実施するかどうかも、基本的にはそれぞれの藩の判断によるという点で同じである。

当初、踏絵はキリシタン信者が信仰に使用していたクルス（十字架）やメダルなどを転用して踏ませることで実施された。やがて長崎奉行はそれを板にはめ込んだ板踏絵一〇枚を所持して九州諸藩に貸し出していたが、この史料にもあるように寛文年間、借用を希望する藩が多くなって貸し出しに支障をきたすようになった。平戸藩は領内に離島などもあって踏絵の実施が長期間にわたるため四枚借り受けることを希望したが、右の理由で借り受けることができた枚数は二枚にとどまった。

この史料の翌寛文九年、長崎奉行河野通定は長崎市中に住む仏具師萩原祐佐《ゆうさ》に真鍮製の踏絵二〇枚を作製させ、都合三〇枚を長崎奉行所が管理することになったことが知られている。この時期、宗門改の全国的制度化とともに踏絵の年中行事化が進んだのは、一連の潜伏キリシタン大量露顕がその背景にあるものと思われる。

こうして、踏絵は長崎奉行所で管理し、それを利用する諸藩が長崎奉行から借り受けるというかたちで行うことになった。諸藩がそれぞれで踏絵を保持して実施したほうが効率よさそうに思えるが、そうはならずに長崎奉行所の一元管理であった理由は、やはりそれが信仰対象になりうるものであったからだろう。それは長崎奉行（幕府）による権力集中の志向性ばかりが原因ではなく、自藩がキリシタンとは関わりがないことを示しつつキリシタン禁制を徹底しなければならない諸藩の意向も反映されている。

第二章 「異宗」「異法」「切支丹」

1 異端的宗教活動への規制

「異宗」「異法」という認識

前章では、近世権力によるキリシタン関係法令におけるキリシタンの呼称が、一六三〇年代末を画期に「伴天連門徒」から「切支丹」へと転換したことを指摘した。それは、島原天草一揆の影響により、幕藩権力によるキリシタンに対する認識が、キリシタン指導者の配下にある信徒というものから転換し、キリシタン禁制政策の重点対象が民衆レベルのキリシタン信徒一般に移ったことを意味している。以後、十九世紀中期まで、「切支丹」の表記が一般的に使用されるとともに、十七世紀中期に全国的に成立した宗門改制度により、少なくとも表面的には一人もキリシタン信徒が存在しない状態となった。

しかし、幕末まで潜伏キリシタンが存在し続けたこともよく知られている事実である。なぜそのようなことが可能であったのか。本章ではその点について考えてみよう。

幕末まで潜伏キリシタンが存在し続けたといっても、近世期を通じてまったく事件が起こらなかったのではない。潜伏キリシタンが存在した地域では、しばしばそれが疑われる事件が起こっている。宗門改制度の全国的成立の直接的契機となった十七世紀中期の一連の事件のあと、集団として潜伏キリシタンの存在が疑われる事件が起こるのは、十八世紀末以降となる。この十八世紀末以降の事件で注目されるのは、その際に潜伏キリシタンが「異宗」あるいは「異法」という呼称で表記されたということである。

ただし、「異宗」とか「異法」などという呼称は、決してこのときが初出の使用例ではない。潜伏キリシタンの存在が問題化する、十八世紀末以降の一連の事件の中身については後述するが、それ以前からしばしば「異宗」「異法」の呼称は使用されてきた。民間信仰や既存宗派の「異流」など、世俗秩序を維持しようとする側から見て警戒するべき宗教活動がその対象であった。

たとえば筆者が調べたところでは、幕府の最高裁判機関である評定所の判例集『御仕置例類集』には、「奇怪」「異説」「異法」などと称された宗教活動についての判例が一八件ある[29]（次頁の表参照）。十八世紀中期から十九世紀前期という期間の限られた事例ではあるが、この時期にこのような民衆の宗教活動が活発に展開していたことがわかる。これらは、宗門改制度のもとで檀那であることを請け負う寺院が行う宗教活動とは別個のものである。もちろん、ここで問題とされたのは民衆の宗教活動のほんの一部であるが、檀那寺以外の寺社参詣や檀那寺が介在しない民間信仰、陰陽道《おんみょうどう》・修験道といった移動する宗教者への祈禱の依頼など、近世民衆が日常的に関係した宗教活動は実に多様であったといえる。これらの実態が意味することは、毎年の宗門改で檀那であることを請け負ってくれる寺院の仏教のみでは、す

『御仕置例類集』における「奇怪」「異説」「異法」

	和暦	西暦	件名	「三鳥派不受不施」規定を適用	出典
A	安永3	1774	飛州村々浄土真宗之百姓共、不正義之宗法を持候一件	○	第1巻p.471～472
B	安永4	1775	怪敷宗門相勧候一件	○	第1巻p.472～475
C	天明7	1787	不埒之書本拵候一件		第1巻p.475～477
D	天明8	1788	異風成法義、相勧候一件	○	第1巻p.477～479、第3巻p.169～170、p.420～424
E	寛政1	1789	玉造稲荷社、地上ケ砂持ニ付、異説申触候一件		第1巻p.479～480
F	寛政8	1796	越後国飯柳村市左衛門、異法相持候一件	○	第1巻p.480～483、第3巻p.170～171
G	寛政9	1797	城州岡崎村願成寺眞空、異躰之法義、相持候一件	(○)	第1巻p.483～484、第3巻p.424～426
H	文化7	1810	泉州福田村興源寺妙厳、調伏之修法いたし候一件		第6巻p.267～269
I	文化12	1815	肥後国高浜村勇助女房たま、奇怪異説申触候一件		第7巻p.288～290、第10巻p.110～111
J	文政10	1827	無宿竜幸、怪敷祈禱いたし候一件		第12巻p.115～116、第15巻p.115～116、第16巻p.139～140
K	天保1	1830	牛込早稲田町伝次郎、俗人之身分ニて加持祈禱いたし候一件		第12巻p.116～118
L	天保5	1834	武州谷中本村重次、御城内え紛入候一件		第12巻p.118～121
M	天保6	1835	城州雲林院村下南座中西主水同居、倍受院事英正、異流之宗法申勧候一件	○	第15巻p.116～118
N	天保7	1836	無宿教道外壱人、不届之取計いたし候一件之内、右教道外壱人御仕置、評議		第12巻p.121～127
O	天保9	1838	八幡町無宿要五郎、火札張候一件（自分で火札を張って、難除之祈禱を勧誘）		第12巻p.127～128
P	天保9	1838	無宿武左衛門、かたり事いたし候一件		第12巻p.128～129
Q	天保9	1838	下総国西足洗村第六天神主千本松権頭儀、同神職千本松陸奥其外之もの共を呪咀いたし候一件		第15巻p.118～120
R	天保10	1839	三宅土佐守家来渡辺登其外之もの共、不届之取計いたし候一件		第12巻p.129～132、第15巻p.120～121

(注)『御仕置例類集』(名著出版、1971～74年) より作成。

べての民衆の宗教的願望が満たされるとは限らなかったということである。

こうした〝異端〟的な宗教活動（以後、煩雑になるので、これらを総称して異端的宗教活動と称する）に対して、幕府が早い段階から警戒していたことは、寛文五年（一六六五）の「諸宗寺院法度《しょしゅうじいんはっと》」の一節に次のようにあることから明らかである。すなわち、宗法を理解していない僧侶が寺院の住持であってはならないとある第二条の付けたりに、新しい解釈を立てて「奇怪」な法を説いてはならないとある。(30) その後も、享保十二年（一七二七）の「新規《しんき》之《の》神事《しんじ》仏事《ぶつじ》等之《とうの》儀《ぎ》ニ付《つき》御《お》触書《ふれがき》」(31)に、神事仏事その外何事によらず新規のことを取り立ててはならないとあることなどから、それは継続されていたことがわかる。十八世紀中期から突然、このような宗教活動が警戒され始めたというのではなく、十七世紀から一貫して警戒されていたということである。

「三鳥派不受不施」仕置規定

『御仕置例類集』のなかから抽出した一八件の判例を時系列的に眺めて気づかされるのは、寛政期（十八世紀末）を画期として、判決を下す際に参考とした規定の基準が変化しているということである。寛政期を含めそれ以前の事件は七件である。そのうち四件が、延享元年（一七四四）に制定された「三鳥派《さんちょうは》不受不施」に対する仕置規定を参考に判決が下されている。

たとえば、安永四年（一七七五）、京都雪駄屋町烏丸西江入町に住む大津屋傳兵衛借屋の近江屋作兵衛が「怪敷宗門《あやしき》」を勧めたとされる一件（表中B）では、結論として以下のような判決が下った。作兵衛より怪しい唱え方や教えを受けた河内国志紀《しき》郡澤田村の百姓嘉兵衛などは、その教えを人に勧めたわけではないとのことなので、伝法を受けても、以後改宗して今後その宗旨には関わらない旨の証文を提出すれば構いなしとする「三鳥派不受不施」仕置規定にしたがって、無罪とされた。これに対して、伝法を勧めた作兵衛については、「三鳥派不受不施」仕置規定ではそうした類のものを勧めた者へは遠島とあるが、特別に怪しいところもないので少し軽い処分の永牢とされた。判決書を見る限りでは、作兵衛が勧めた法とは浄土真宗の教義を逸脱したものではなく、俗人の身の上で仏間などで法儀を説いたことが問題とされたものと思われる。

もう一件見てみよう。寛政八年（一七九六）、越後《えちご》国飯柳《いやなぎ》村市左衛門が「異法」を信仰し、周囲のものへ勧めた一件（表中F）では、次のような経緯で遠島が申しつけられた。市左衛門は祖父から伝えられた法儀を本山の宗意に背くことを知りながら、その道理が「面白」いと心得たという。市左衛門は「奇怪」な儀礼などはしなかったが、こうした「異法」を信じて村人へ話し聞かせ、それに帰依するものを「同行《どうぎょう》」と呼び、特定の家にその「同行」を集めて「異法」の意味について説き聞かせていたとされる。

市左衛門は俗人でありながら施しの見返りを受けたのは不届きであるので、遠島を命じるとされた。ただし、存命であるならばとの文言がついていることから、判決が下されたときすでに死亡していたものと思われる。そして、これは「三鳥派不受不施」を勧めたものに準ずるものとして、この仕置規定にしたがって下された判断であった。この件に関わった同国古志《こし》郡富嶋《とみじま》村庄屋五郎兵衛の軽追放、同国同郡稲葉村百姓與惣右衛門《よそえもん》外四人の無罪、同国同郡石内《いしうち》村百姓久太郎の三〇日手鎖《てぐさり》についても、やはり「三鳥派不受不施」の仕置規定を参考に判断された。

ところで、「三鳥派不受不施」とは何であろうか。三鳥派・不受不施は、いずれも日蓮宗の「異流」とされた宗派である。日奥《にちおう》を祖とする不受不施は慶長期（一五九六～一六一五）から、三鳥《さんちょう》院日秀《いんにっしゅう》を祖とする三鳥派は寛文期（一六六一～七三）から、それぞれ規制を受けたとされる。不受不施は、信者以外に施しを受けず与えずの主義によりしばしば弾圧されたことが知られている。もう一方の三鳥派が弾圧を受けた確かな記録は、『徳川実紀』六の宝永三年（一七〇六）十二月十九日の記事が最初のようである。このときはもちろんのこと、『徳川禁令考』後集第三に見える寛政三年（一七九一）七月付の史料からも、三鳥派が禁止された理由はいまひとつはっきりしない。『徳川禁令考』の史料では、三鳥派について、このとき勘定奉行であった久世広民《くぜひろたみ》から日蓮宗触頭《ふれがしら》本妙寺《ほんみょうじ》へ問い合わせたところ、その返答には、古い記録には「邪法」としか書かれていないとある。

寛政期以前の事例、残る三件のうちのGの事例も、「三鳥派不受不施」仕置規定を参考に判決を下した四件のうちのDを先例としている。これも含めて考えると、七件中五件が「三鳥派不受不施」の仕置規定を参考にしたといえる。なお、これが適用されていないCEの二件は宗教活動ではなく、「異説」の書物を版行したことや「異説」を申し触れたことが問題とされた事例である。したがって、『御仕置例類集』に記されている寛政期以前の五件の異端的宗教活動は、すべて「三鳥派不受不施」の仕置規定にそって判決が下されたことになる。

参考判例の転換

これに対してそれ以後の事例では、「三鳥派不受不施」の仕置規定に言及しなくなっている。これに代わってほとんどが、直近の類似判例を参考にしている。

たとえばJの事例では、文政十年（一八二七）に無宿竜幸《りゅうこう》が武蔵国豊島郡各所で「怪敷祈禱」をしたとして遠島の処分となったが、これは文化十年（一八一三）に牛込水道町兵次郎店陰陽師《おんみょうじ》、長嶋遊仙《ゆうせん》が「異躰」の祈禱によって遠島になった（ただし、恩赦）ことを先例に、その処分となった。そして、その竜幸に帰依していた西丸御持筒頭《おもちづつがしら》の津田外記《つだげき》組与力、高須鍋五郎《たかすなべごろう》は、寛政十二年（一八〇〇）に当山修験仙蔵院悴《せんぞういんせがれ》の宝蔵院定賢《ほうぞういんじょうけん》が寄祈禱の節に「奇怪之儀」を申したことによって五〇日押込《おしこめ》の処分とされたことを先例とし、御家人であることを勘案して一ランク重い江戸払いとなった。さらに、同じく竜幸の祈禱への信仰を深めていた、武蔵国豊島郡下戸塚村の角右衛門娘はつ（別名まち）は、文化十年に小石川四ツ谷町源七店の清兵衛女房もよが長嶋遊仙の祈禱の際、「奇怪之儀」を口走ったことにより江戸払いとされたのを先例として、これまた江戸払いと判断された。

もう一件、Kの事例を見てみよう。天保元年（一八三〇）に牛込早稲田町伝次郎が、俗人の身分で加持祈禱をしたとして遠島の処分とされた。伝次郎は日蓮を信仰し、諸国霊場へ参詣のため回っていたところ、上総国木更津村長右衛門のところへ止宿した際、同人娘まさの眼病平癒の祈禱を行ったことなど、いくつかの加持祈禱の行為が問題とされた。この判決も、先のJの事例と同じ文化十年に牛込水道町兵次郎店の陰陽師長嶋遊仙が「異躰」の祈禱により遠島を申しつけられたことと、文政四年（一八二一）に深川六間堀町武兵衛店の宗事《そうじ》が俗人の身分で加持祈禱を行い、「奇怪之儀」を申したことにより重追放となったことを参考に、判断が下されている。

このように、文化期以降、「三鳥派不受不施」の仕置規定に言及しているのは、一一件中Mの一件だけで、それを除いてみな近年の類似の事例を参考に判決が下された。これはどのようなことを意味しているのだろうか。異端的宗教活動が処罰の対象とされたとき、「三鳥派不受不施」の仕置規定が参考にされなくなっていく寛政期は、実は潜伏キリシタンが集団として存在するのではないかと疑われる事件が起こり始める時期でもある。

実際、十八世紀末から十九世紀半ばにかけて、断続的に潜伏キリシタンの存在が疑われる事件が発生している。寛政二年（一七九〇）の浦上一番崩れ、文化二年（一八〇五）の天草崩れ、天保十三年（一八四二）の浦上二番崩れ、安政三年（一八五六）の浦上三番崩れ、慶応三年（一八六七）の浦上四番崩れがそれである。ただし、「切支丹」露顕の事件といえば、これに文政十年（一八二七）の京坂「切支丹」一件が加わるが、これは性格の違う事件なので、章を改めて扱うことにする。以下、潜伏キリシタンの存在が疑われた事件について、まずは概要を紹介する。

2　浦上崩れと天草崩れ

浦上一番崩れ

十八世紀末から十九世紀中期までに、肥前国西彼杵《にしそのぎ》郡浦上村山里《やまざと》（幕府領浦上村は山里と淵《ふち》に分かれていた）における潜伏キリシタンの存在が問題化する事件が四回、断続的に起こった。一般に、それぞれ順番に一番から四番までナンバーが付けられて、〇番《なん》崩れと呼ばれている。その最初の事件が、寛政二年（一七九〇）に起こった浦上一番崩れである。

この事件の発端は、浦上村山里の庄屋高谷《たかたに》永左衛門が親族とともに進めていた、村内の山王神社奥之院八八体の仏像建立のため村民に醵金《きょきん》を求めたところ、忠右衛門など一九人の百姓が拒否したことにあった。その理由は金銭的な余裕がないとのことであったが、これに立腹した庄屋永左衛門は長崎代官手代の塚田郡兵衛《ぐんべえ》の協力を得て、出銭を拒否したこの一九人が「異宗」の宗教活動を行っているとして、長崎奉行所に密告した。

こうして、寛政二年七月十七日に忠右衛門ら七人が、翌十八日に幸兵衛ら一二人が、「異宗」信仰の疑いで捕らえられた。八月、まったく身に覚えのないこととして、この一九人の悴《せがれ》および本人による出牢願と、村民一同連署による出牢願の提出のため、彼らは庄屋永左衛門に奥印《おくいん》を求めた。これに限らず、村民が願書を提出するときには村役人の同意が必要であったから、永左衛門に奥印を求めたのであったが、永左衛門は「リウス仏」を念じたという文言を願書に含めなければ奥印を拒否すると通告した。そこで、彼らは同村散使《さんし》（庄屋の補佐役）深堀安左衛門に相談し、安左衛門から奥印を得たうえで出牢願を提出することになった。

九月から本格的な吟味が始まり、十二月にひとまず長崎奉行所の判断が下された。それは、一九人の百姓が「異宗」の宗教活動を行っていたとする証拠は不十分である、というものであった。その結果、「異宗」信仰の疑いをかけられた一九人の百姓が釈放されることになったのに対して、密告した高谷永左衛門と塚田郡兵衛は浦上村山里庄屋・長崎代官手代をそれぞれ免職された。後任の庄屋には、永左衛門の悴の藤九郎が就任したが、この事件はこれで終わらなかった。庄屋方の「異宗」探索がかえって活発になったからである。

山王神社の鳥居。原爆で半分吹き飛ばされた。長崎市坂本

永左衛門はその後、村内の「異宗」の内偵を進め、その結果を寛政三年十二月四日付の報告書にまとめて長崎奉行所に提出した。これが伏線となり、寛政四年二月九日に大村藩領浦上村吉兵衛が白状したことを直接のきっかけとして、一九人の出牢に尽力した深堀安

左衛門ら五人が捕らえられた。さらに、この五人のなかの一人七太郎の白状により別の五人が捕らえられ、この「異宗」問題が再燃することになった。

前回の召し捕りの際と同じように、まったく身に覚えのないこととして、このとき捕らえられた百姓の親族から出牢願が寛政四年五月に提出されたが、話が進展しないまま一年が過ぎた。そこで寛政五年六月三日、深堀安左衛門の家人であった久米次郎が太宰府参詣を装って密かに江戸に上り、前長崎奉行で当時勘定奉行となっていた久世広民へ訴状を提出するという行動に出た。もちろん主人を「異宗」容疑から救い出し、庄屋方の非法を訴えるためである。久米次郎の身柄は江戸在府中の長崎奉行高尾信福《のぶとみ》に引き渡され、高尾から久米次郎に対して、長崎奉行所に直接訴えるよう訴状が差し返された。浦上村に戻った久米次郎は、同年十一月二十日、長崎代官高木菊次郎を通じて長崎奉行平賀貞愛《さだえ》に訴状を再提出した。

この訴状がその後どのように扱われたのかは明らかでないが、この事態を長崎奉行所は決して無視していなかった。浦上村山里ばかりでなく、長崎市中における「異宗」の捜査を進めたり、隣接する大村藩に対して類似の問題がないかどうか問い合わせたり、長崎奉行所は幅広く「異宗」の情報を集めようとしていた。また、理由はわからないが、この時期、浦上村山里の庄屋は、高谷永左衛門悴の藤九郎から永左衛門弟の官十郎（藤九郎叔父）に交代している。さらに寛政六年閏十一月、浦上村山里の村民の多くが檀那寺としていた浄土宗聖徳《しょうとく》寺《じ》ほか周辺寺院に対して、野石を臥しただけの変形した墓石がないかどうか、長崎奉行所は長崎代官高木菊次郎を通じて一斉調査を行っている。

いずれにせよ、久米次郎の江戸直訴を前後して長崎奉行所によって再び「異宗」吟味が進められたが、「異宗」を白状する者はいなかった。この結果、寛政八年になって「異宗」は存在しないと判断され、長崎奉行平賀貞愛・中川忠英の署名で幕府へ報告された。つまり、「異宗」の存在そのものが否定されて決着したのである。

この経緯のなかで、「異宗」の信仰を疑われた者はもちろん一般村民たちはみな、「異宗」の存在そのものを否定し続けた。その一方で、庄屋方は執拗に村内の「異宗」を暴き出そうと奔走した。村民が「異宗」問題の展開が村社会の秩序を脅かすものだという意識を持っていたのに対して、庄屋方は「異宗」の存在こそが村社会の秩序を脅かすものだという意識を持っていた、ということであろう。したがって、この事件は潜伏キリシタンが露顕した事件というよりも――実際に「異宗」の存在も認定されなかった――、「異宗」の存在を契機として村民と庄屋方の確執が表面化した村方騒動であったというほうが適切である。

天草崩れ

次に天草崩れについて見よう。この事件は、文化二年（一八〇五）三月に肥後《ひご》国天草郡大江村・崎津村・今富村・高浜村（天草下島西目筋の村々）において、五〇〇〇人余りの村民が「異宗」を信仰していることが確認されたというものである。天明三年（一七八三）以来、幕府領の天草を預かり地としていた島原藩が吟味を担当したこの事件は、偶発的に起こったものではなかった。島原藩は天草には怪しげな宗教活動があることを事前に察知しており、事件の数年前から「異宗」を密かに探索していた。それが始まったのは、天草に「切支丹宗門ニ附申渡《つきもうしわたし》」と題する触《ふれ》が発布された寛政十一年（一七九九）前後のことであろう。「切支丹」は従来通り厳しく禁止する旨申し渡すとするこの触は、内容的には特に目新しいものとはいえないが、この年にわざわざ出されているのは単なる確認のためというのではなく、天草で根強く展開している「異宗」に対する警告であったのだろう。

村社会でその探索の中心を担ったのが今富村庄屋上田演五右衛門《えんごえもん》（就任時は友三郎を名乗った）であった。その経緯は以下の通りである。享和元年（一八〇一）に今富村の庄屋であった大崎吉五郎が死亡したあと、演五右衛門の実兄である高浜村庄屋上田宜珍《ぎちん》の今富村庄屋兼帯を経て、享和二年十二月に演五右衛門が今富村庄屋に就任した。今富村の庄屋は代々大崎氏が務めていたが、上田氏が今富村の庄屋となったのは、大崎吉五郎の子幾太郎が幼少であったためである。この庄屋交代は「異宗」探索を進めたい島原藩の意向によるものであったと思われる。演五右衛門もその期待に応えて、村内探索の結果を詳しく島原藩に報告した。これにより、島原藩は天草における「異宗」の実態についてかなり詳細に把握していたものと思われる。

このように、島原藩が天草における「異宗」の状況をつかもうとしていたころ、同藩は長崎奉行の肥田頼常《ひだよりつね》・成瀬正定《なるせまささだ》が天草の「異宗」について興味を示していることを知る。その件について長崎奉行から、長崎町年行事《ねんぎょうじ》の末次忠助を通じて島原藩用達《ようたし》の長崎商人である島原屋早太《そうた》に問い合わせがあったようだ、とする噂が島原藩にもたらされたのである。このまま放っておけば、長崎奉行のほうから天草の「異宗」問題を指摘されてしまうかもしれない。そうなっては、藩の面目が潰れてしまうばかりでなく、仕置不行届として咎められるのではないか。そのように考えた島原藩は、先手を打つことにした。文化元年（一八〇四）十月、島原藩は天草の「異宗」の存在を認めたうえで、今後の吟味方針について幕府に伺いをたてたのである。島原藩が吟味を進めるうえでもっとも留意したのは、一揆を誘発してはならないということであった。

幕府への伺書のなかで島原藩は、もしこの吟味を進めたとしたら、「異宗」を信仰する者がどのような対応をとるかについて、五つの場合を想定している。①逃散する、②頭取のみ逃散する、③徒党を組む、④「異宗」を否定する、⑤従順に吟味を受け入れる、がそれである。⑤の場合だけ寛大に対応するが、①〜④の場合は強硬に対処しようというのが島原藩の方針であった。また、「異宗」吟味が進められていた真っ最中の文化二年五月に島原藩は天草の減免を願い出ている。それは、かつて寛永期に起きた島原天草一揆は百姓の経営難儀に起因するという認識であったからである。

島原藩は、「異宗」を基盤として一揆が起こる可能性を、現実的なものとして考えていたようである。天草では十八世紀後期以降、百姓相続方仕法と呼ばれる天草の徳政法令をめぐる運動が断続的に展開していた。天草崩れの対象となった四ヵ村は天草の下島西目筋にあたり、この四ヵ村を含む地域で百姓相続方仕法をめぐる運動が展開していたことも、島原藩の強い危機感の背景にあったものと思われる。島原藩は文化二年三月以降、庄屋・大庄屋を通じて丁寧に百姓に利害を説きながら村方での吟味を進めた。その結果、合計五〇〇〇人余の者が「異宗」の宗教活動を行っているとされたが、それはあくまで「異宗」であって「切支丹」とは認定されなかった。最終的に改めて踏絵が実施され、全員「異宗」を回心したと見なされて文化三年八月、決着した。

この事件後、「異宗」を改宗して許された者は「異宗回心者」と呼ばれた。ただし、明治期に教会の指導のもとにキリスト教徒になった者も少なくなかったから、実際にはその後もその宗教活動を継続して実践していた者が多かったと思われる。

浦上二番・三番崩れ

浦上村山里に話を戻そう。寛政二年（一七九〇）に始まる浦上一番崩れは、「異宗」の存在そのものが否定されて決着した。しばらくは平穏であったようだが、天保十三年（一八四二）に再び「異宗」問題が起こったと伝えられている。

この二番崩れと呼ばれる事件に関する一次史料は現在確認できるものが何もない。先行研究によれば、利五郎・伊五郎・多八・徳右衛門などが一時的に召し捕らえられたものの、間もなく全員釈放されたという[32]。また、二番崩れが起こったとき、長崎奉行所の役人であった益田士之助の計らいで五、六十人の信徒が助けられたという伝承があるともいう[33]。天保十四年に出島の食用肉をめぐって浦上村山里での牛の飼育が問題となった件で、前年冬に牛が殺された一件があって吟味を受けた者がいるということが史料に見える（詳しくは第五章「信仰共同体と生活共同体」を参照)ので、二番崩れとはこの事件のことかとも思えるが、いずれにしてもこれ以上のことはわからない。

続いて三番崩れが起こったのは安政三年（一八五六）のことである。長崎代官高木作右衛門から幕府勘定奉行所へ提出された報告書によれば、長崎奉行所が密かに探索を進めたところ、「異宗」の宗教活動を行っている者が多数露顕したとされている。開港による異国船来航にともない、警戒が強化されたことによって引き起こされたものと思われる。この吟味を通じて、長崎奉行は「異宗」の組織や教義内容を詳細につかんだようである。組織の責任者の一人であった吉蔵《きちぞう》の証言から、「リウス」（イエスの意）の誕生やユダの裏切りの物語、クリスマスなどの信仰暦、「ハンタマルヤ」（サンタマリアの意）の恩愛に頼れば現世・来世ともに幸福が保証されるという教義などが明らかにされ、その組織には惣頭《そうがしら》・触頭《ふれがしら》・聞役《ききやく》という役職（吉蔵はこのうちの惣頭を務めていた）があることもわかった。(34)

この内容から判断すれば、この「異宗」がキリシタンであることは間違いないものと思われるが、吟味のなかで村民たちは、これは厳禁されている宗教ではなく、先祖より伝えられている「異宗」であると主張した。それを受けて長崎奉行所は、彼らの主張に沿ったかたちで「切支丹」とは別の「異宗」との結論を下した。この宗教活動は村民が何も深く考えずにただ「異宗」とのみ伝えられて受け継いできたものであり、まったく「切支丹」は存在しないとの判断であった。結局、この件は「異宗」は存在したものの「切支丹」は存在しなかったとして、万延元年（一八六〇）十二月に長崎奉行の岡部長常《ながつね》から幕府へ報告され落着した。

浦上四番崩れ

浦上村山里における一連の事件の最後が、慶応三年（一八六七）に始まる四番崩れである。浦上崩れと呼ばれる一連の事件はみなキリシタンの存在が疑われた事件として知られているので、事件の性格としては類似の事件のように思われがちである。しかし、この四番崩れは過去三度の事件と決定的に違う点があった。それは、信徒自身がキリシタンの信仰を否定するか認めるかの違いである。過去三度の事件では、「異宗」の存在さえ認めないか、またはは「異宗」の存在を認めてなおそれは「切支丹」とは別宗であると主張するか、の違いはあるものの、彼らの宗教活動を秘匿しながら維持しようとしていたという点で共通していた。この点は天草崩れも同様である。これに対して、四番崩れでは公然とその信仰を表明し、彼らの宗教活動を秘匿しないで維持しようとしたという点で、決定的に異なっていた。

問題が表面化したのは、慶応三年三月に村内本原郷《もとはらごう》の三八《さんはち》が、亡くなった母親たかの葬儀を檀那寺聖徳寺に無断で行ったことをはじめとして、死亡した肉親を自葬し始めたことであった。その背景には、長崎開港にともなって在留外国人のため、元治二年（一八六五）に大浦天主堂が落成し、そこにカトリックの宣教師（パリ外国宣教会）がやってきたという事実があった。村民たちは大浦天主堂の宣教師のもとへ連れだって訪れるようになっており、長い潜伏の間、彼らが待ち望んでいた宣教師と接触したことによって信仰心を高揚させていったと考えられる。こうして、キリシタンの信仰を隠匿して維持しようとする段階から、公に表明して維持しようとする段階へと彼らの態度は転換したが、それが彼らを取り巻くさまざまな関係に影響しないはずはなかった。

キリシタン禁制は幕府のもっとも重要な宗教政策であったから、彼らの信仰態度の転換は当然のことながら幕府の対応の変化を招いた。三番崩れ以前の事件では、信徒たちは世俗秩序に順応しながら厳禁されている「切支丹」についてはあくまで白《しら》を切り通したから、幕府はあえて彼らの主張に沿って「切支丹」の存在を認定しなかったが、四番崩れの段階では、彼らがそれを翻して公然とキリシタンの信仰を表明したから、幕府も無視することができなくなった。吟味書では信徒の動向は、「一味連判」「徒党」「強訴」など一揆を表す言葉で表現された。この事実から、長崎奉行所が信徒たちを一揆と類似の集団として捉えていたことがわかる。こうした姿勢のもとに長崎奉行所は、慶応三年六月に中心人物と見なした六八人を捕縛し、厳しく改宗を迫った結果、二一人が棄教を表明した。

これをキリスト教への弾圧と見た欧米諸国公使は、内政干渉をするつもりはないとしながらも、激しく幕府に抗議した。これを受けて幕府は欧米諸国公使に対して、入牢者へ拷問を実施しないことと彼らを釈放することを約束する一方で、大浦天主堂宣教師が浦上村山里の村民と接触しないように指導してほしい旨申し入れた。

しかし、欧米諸国公使と約束したはずの拷問の停止は守られず、その結果、高木仙右衛門一人を除きほとんどの者が棄教を申し出て釈放された。釈放された村民は村に返されたが、出迎えた村民から改宗したことを批判されたため、再び棄教を取り消すことを庄屋に申し出る者が続出した。さらにその後も自葬が絶えず、そのたびごとに入牢者が増加した。このように、浦上村山里の村民たちは信仰と弾圧の間にあって揺れ動きながらも、総体的には信仰を表明しつつ抵抗する姿勢を貫こうとしたといえる。そして、幕府が倒れたあと、キリシタン禁制という幕府の民衆統制策を受け継いだ明治政府のもとで、棄教を受け入れない村民約三〇〇〇人が総配流に処されるという厳しい弾圧が加えられた。

ただし、明治政府による弾圧が厳しかったことは事実だが、それはそう長くは続かなかった。「邪宗門」と「切支丹」を分けて考えるという措置を経て、明治六年（一八七三）にキリシタン禁制の高札が撤去されたあと、彼らは帰村を許された。先行研究が明らかにしたように、キリシタン禁制の高札撤去は法令伝達方法の変更によるものであって、決してキリシタン（キリスト教）が解禁されたということを意味しない。このとき、明治政府がキリシタン禁制の解除を宣言したという事実はなく、禁教高札撤去と浦上キリシタンの帰村は直接の因果関係はない[35]。しかし、それでも彼らが帰村を許されたのは、配流先での村民の抵抗がねばり強いものであったことを示しており、政府としてはこれ以上配流を長引かせてもあまり効果はないと判断したからなのであろう。

このように権力との関係については、事件直後は当初厳しいものであったが、信徒のねばり強い抵抗によってしだいに放置されていくようになっていく。その一方で、村社会との関係については、近世期とは大きく異なる状況に向かっていった。キリシタンと非キリシタンの間が分裂状態になったのである。浦上村山里の村民の多くはキリシタンの宗教活動を行う者であったことは確かだが、すべてがそうであったのではない。少数ではあっても非キリシタンが混在していたことも事実であり、三番崩れ以前の段階では、そうした混在状況でありながらも村方一統で「切支丹」の存在を否定し続けていたのであったが、四番崩れの段階では、双方とも当方を「白組」、相手方を「黒組」と呼び、両者の対立が表面化した。その理由については、第六章「重層する属性と秩序意識」で検討する。

いずれにしても、この事件を契機にキリシタンと非キリシタンの確執が深刻な問題となっていった。権力との関係で緊張が緩んだように見えたとしても、信徒たちには決して安住のときが到来したのではなかったのである。信徒の信仰表明によって引き起こされた浦上四番崩れは、「切支丹」を徹底的に排除する国家秩序から彼らを解放することになった一方で、村社会・地域社会における非キリシタンとの確執を表面化させ、新たな地域秩序形成に向けての模索が始まっていく契機になったといえる。

3　異端的宗教活動という枠組み

「異宗」「異法」とは何か？

ここまで、十八世紀末以降の一連の事件について概要を述べた。この間の信徒たちの行動は、次のようにまとめられる。

浦上一番崩れでは、疑われた宗教活動の存在そのものを否定し、結局無罪となった。天草崩れでは、紆余曲折があったものの、疑われた宗教活動の存在を認めるとともに信仰用具も提出したが、処罰としては過料にとどまった。彼らは疑われた宗教活動について「切支丹」とは別宗と主張し、それが認められたからである。浦上二番崩れは事件があったということだけしか伝わっておらず、詳細は不明である。浦上三番崩れでは、天草崩れの場合と同じで、疑われた宗教活動の存在を認めたが「切支丹」とは別宗と主張し、それが認められた。ただし、入牢・過料のほか牢死者を出している。

そして、最後の浦上四番崩れでは、潜伏キリシタンは外国人居留者のために建てられた大浦天主堂の宣教師に対し自ら信仰表明を行った。幕府は彼らの扱いに苦慮したが、結論の出ないまま大政奉還・戊辰戦争という混乱した状況に突入したため、その後この件は、幕府に代わって政権を担当した明治政府に引き継がれた。当初からその処置が決まっていたのではないが、最終的に約三〇〇〇人が諸藩へ配流されることになり、それぞれの配流先で棄教を促された。その際の拷問に耐えかねて棄教を宣言した者も少なくなかったが、最後まで信仰を守り通した者も多く、結果としてすべてを棄教させるという政府の意図は貫徹できなかった。扱いに困った政府は明治六年（一八七三）、帰村を許した。その年、禁教の高札も撤去され、以後その宗教活動については放っておかれることになる。ただし、政府は禁教を解除したとはいっさい言っていない。

このように、最後の浦上四番崩れを除き、一連の事件のいずれにおいても潜伏キリシタンは認定されなかったから、正確にいえばキリシタンが露顕した事件とはいえない。それだけに、これらの事件における、この宗教活動の呼称が注目される。右に見てきたように、ここで疑われた宗教活動は「切支丹」とは呼ばれていない。これらは、「全く先祖申し伝えに泥《なず》み、異宗とも存ぜず密かに信じ候[36]」というように、「異宗」または「異法」と表記された。

これら一連の事件では、浦上四番崩れを除いて「切支丹」は存在しないという結論であったから、疑われた宗教活動を「切支丹」と呼ばないのは自然のことではある。とはいえ、その宗教活動は怪しげなものとされたことも事実である。そうでなければ、「異」という文字を使ってその宗教活動が表されることはなかったであろう。したがって、「異宗」または「異法」とは、「切支丹」とは断言できないけれども、秩序を維持しようとする側にとって警戒すべき宗教活動という意味であったといえる。

それは、前々節「異端的宗教活動への規制」で見たように、十八世紀以来、さまざまな異端的宗教活動が展開してきたことが背景にあって起こった。そして、特に十八世紀中後期から十九世紀前期にかけて、そうした異端的宗教活動への警戒が次第に強まっていったことが、右の「切支丹」問題が発生する引き金になった。

たとえば、天草で支配役所（下島の富岡にあったので、以下、富岡代官所と称する）から発せられた宗教に関する触書には、俗家における「法儀讃談《さんだん》」（仏法を称える法談）を厳しく禁止する旨強調する文言を見つけることができる[37]。宝暦七年（一七五七）十二月付で発せられた宗教統制の触書には、第五条・第六条において次のように指摘されている。第五条では、郡中の寺方で年二回の彼岸や当初より予定されていた法談のほかは無断で説法を行って

富岡城跡。寛文10年（1670）に破城になったあと、写真左手の石垣より左下の三の丸に天草代官所が置かれた。熊本県天草郡苓北町

はならないとあり、第六条では、僧侶でない俗人が法談を行って冥加銭《みょうがせん》などを徴集するのは堅く禁止するとある。

この二ヵ条の内容は寛政期になると数年おきに何度も触れられるようになる。十八世紀末以降、特に俗人による法談が厳しい規制の対象にされていたといえる。「讃談」とは、『日本国語大辞典』（小学館）によれば「仏徳などをほめ語ること。称賛して語ること。また、その説法」とあるように仏法を称える法談のことであるが、この場合の「法儀讃談」は俗家にて潜んで法談を行う行為を指していたものと思われる。(38) 俗家における法談は怪しげな宗教活動と見なされ、厳しく監視されたことがわかる。

大嶋子村一件

では、その法談にはどのような内容が想定されていたのか。寛政七年前後のものと推定される触書のなかで、次のような箇所がある。近年「新後生《しんごしょう》」と称して俗人の立場でありながら法談を行う者が多くいると聞くが、それはやめさせなければならない、という。つまり、

この場合、警戒されていたのは来世の救済を説く新しい法談であり、実際そうした内容の法談が俗人によってさかんに行われていたことになろう。とすればこれは、来世救済を求める人びとが多く存在していたこと、そして、檀那寺の宗教活動だけではそれは必ずしも満たされなかったことを示している。

天草では実際、そうした異端的宗教活動が行われていたし、しばしばその活動をめぐって問題になっていた。二つの事例を示そう。

一つは寛政六年（一七九四）に大嶋子《おおしまご》村で起こった事件である(39)。大嶋子村の百姓が大勢俗家に集まり、「十二日講」と称して深夜まで法談していたことが問題とされた。言葉で制止するくらいではその法談は止まなかったので、村役人は夜回りしてその現場に踏み込み、関係者を富岡代官所に引き連れて行き吟味を行った。当時、天草は幕府領であったが島原藩の預かり地であったので、この件は直ちに島原藩国許へ通報され、その指示により百姓儀助・勘之丞・千助に牢舎、大嶋子村役人に過料の処分が下された。関係していると見なされた伊佐津《さづ》村西法寺《さいほうじ》と大嶋子村専念寺看坊《かんぼう》は禁足の処分となったが、その理由は、人びとへの教化の仕方が誤っていたことが今回の事件を引き起こしたとされたからである。なお、西法寺も専念寺もともに浄土真宗の寺院であった。

中心人物であった儀助は、本来僧侶が行うべき宗教活動を、百姓の身分でありながら夜更けまで行ったことが「不埒」であるとされ、俗家でのそうした活動が問題とされた。この活動は、天草が西国筋郡代揖斐《いび》十太夫《じゅうだゆう》支配となった、明和五年（一七六八）ころから問題視されていたらしい。実際、そのときも牢舎の処分が下ったことがあったようである。また、千助という百姓は親がこの「十二日講」に参加していたのでその跡を受け継ぎ、その講の飲食代を掛け継いできたとのことであった。これらの事実から、この宗教活動は寛政期に初めて問題になったのではなく、遅くとも十八世紀中期から展開しており、しばしばそれが問題視された場合もあったことがわかる。

今泉村一件

もう一つ、天草の今泉村で文化九年（一八一二）に発覚して、同十一年に落着した事件も見よう。(40) この件では、今泉村の百姓二一人が疑わしい宗教活動を行っているとされた。その問題となった宗教活動とは、今泉村西運寺《さいうんじ》（浄土真宗）の「内座《うちざ》」を起点に、俗家でも類似の法談が行われたことであった。長崎奉行所で吟味された一八人のうち一三人は吟味中に病死していることから、拷問を含む厳しい吟味が行われたことが想像される。結果としては、吉左衛門ら数人が三〇日押込（ただし数日入牢に付、宥免）、西運寺の恵春《けいしゅん》が急度叱《きっとしかり》などとなった。

西運寺では、通常の法談が終わったあと居残る者に対して、念仏や蓮如《れんにょ》の教えをさらに詳しく説く「内座」という法談が行われていた。文化七年に住持の跡継ぎである霊勇《れいゆう》が、翌年にその弟教道《きょうどう》が、それぞれ修学先の筑後国から帰郷して以後、柳川《やながわ》の正安寺・真正寺での「内座」の経験をもとに、この「内座」をさらに重視するようになり、毎月十三・二十四・

二十七日を定例の「内座」の日とした。そうしているうちに、信徒たちは寺での「内座」にあきたらず、俗家にてもそれを実施するようになった。

今泉村庄屋九郎左衛門は右の西運寺の「内座」について定例化する前から掌握しており、その「内座」を止めるように申し入れていた。その旨を承知する一札と血判までとったが、「内座」は止まずにかえって俗家でも行われるようになった。そして、そのころ船方稼ぎをしていた大嶋子村仙左衛門が今泉村で売り渡した薩摩芋の代金回収のため来村した際、仙左衛門が今泉村の浄土真宗門徒と念仏のありがたさを話していたという情報が庄屋九郎左衛門の耳に入った。心配した九郎左衛門は、仙左衛門が申したことの意味について西運寺住持道《どう》暢《ちょう》の弟恵春に問い合わせたところ、仙左衛門が影響を受けたと思われる僧侶直応《じきおう》——数年前まで大嶋子村に滞在していた——が説く法談は心得違いであるとのことであった。

その後、仙左衛門と今泉村村民との付き合いはなくなったようであったが、俗家での「内座」は継続していたので、文化六、七年ごろ庄屋九郎左衛門は配下の徳右衛門・宇兵衛に村内を探索させた。「内座」のほかに怪しい様子はなかったので、九郎左衛門は西運寺参詣は構わないが、俗家における「内座」は問題なので、文化八年春にその「内座」を止めるよう村民に申し入れ、その旨を承知する一札と血判をとった。念を入れて、西運寺を檀那寺としている村民に心得違いのない旨の一札を西運寺に提出させ、その一札は西運寺から九郎左衛門へ渡された。

しかし、これでもなお「内座」は止まなかった。そこで今後の対応を協議するため、文化九年十一月に島原藩から勘定奉行曲淵景露《まがりふちかげみち》へこの件が報告され、さらに同十年二月に天草が長崎代官支配に代わったことで、長崎奉行所に関係書類が残されたというわけである。

この件でも、もっとも問題視されたのは俗家における法談である。発端となったのは西運寺の「内座」であったが、村民の中には俗人でありながら法談ができるまで仏法を勉強し、俗家で独自に活動する者がいたということである。また、その法談に参加していた今泉村の村民は西運寺の檀那ばかりでなく、隣村の教良木《きょうらぎ》村金性寺《きんしょうじ》（曹洞宗）の檀那も含まれていたという。

この活動組織は「新後生組」または「団子組」と呼ばれていたとされる。後者の「団子組」とは神仏への供物として供える団子から発想された名称であろう。前者の「新後生組」という名称から、この組織はやはり、来世救済を求める者が集まっていた組織ということになるのではないか。もっとも、吟味では被疑者はいっさい否定しているので断言はできないが、これは浄土真宗の寺院の「内座」が発展した宗教活動であったから、人びとの来世救済願望がその活動を支えていたことは間違いないだろう。ただし、それは浄土真宗の枠組みから逸脱するものであったとはいえない。少なくともこの活動を行っていた人びとの心情は、ひたすら来世の救済を望むものであったのであり、浄土真宗の教義を外れたものとの認識は決してなかっただろう。

異端的宗教活動としてのキリシタン

先に見たように、「異宗」「異法」とされた異端的宗教活動は十八世紀から民間に存在した。そのことを前提に考えれば、十八世紀末から十九世紀にかけて展開した一連の崩れにおいて、「異宗」「異法」と呼ばれた潜伏キリシタンもまた、そうした異端的宗教活動の一種と見なされたことは明らかである。その証拠に、これらの事件の判決を下す際に、潜伏キリシタンかどうかの区別なく、類似の事件が先例として参考にされているという事実をあげることができる。

たとえば、文化十一年に落着した今泉村の一件では、先に見たとおり、後生の救済のためといって密かに寄り合い、法儀の話などをしていたのが「心得違」であるとされ、吉左衛門らが三〇日の押込（ただし、数日入牢に付、宥免）となったが、この判決を下す際の先例として参考にされた判例こそ、寛政二年の浦上一番崩れであった。その浦上一番崩れでは、浦上村山里の忠右衛門など一九人の者が、「異宗」を信仰しているのではないかという風聞のため捕らえられた。吟味の結果、彼らは毎年宗門改の際、踏絵と寺請を行っているので疑わしいところはないとする檀那寺聖徳寺からの申し出があるとはいえ、そうした風聞が立つのも彼らが普段「正法《しょうぼう》」を疎んじているからであるとされた。本来なら三〇日の押込を申し渡すところであるが、数日すでに入牢・手鎖などが実行されているとの理由で、急度叱の処分にとどまった(41)。

疑われた対象は、今泉村一件では浄土真宗の〝異端〟、浦上一番崩れでは潜伏キリシタンであったものと思われるが、今泉村一件の判決文ではその内容の差異は意識されていない。

また、万延元年に決着した浦上三番崩れでは、文化二年に起こった天草崩れとともに右の今泉村一件が判例として参考にされた。ここでも疑われた宗教活動が、天草崩れや浦上崩れでは潜伏キリシタンであるのに対して、今泉村一件では浄土真宗の〝異端〟であることは気に留められていない(42)。

このように、十八世紀末から断続的に発生した、潜伏キリシタンの存在が問題視される一連の事件は、十八世紀以来の異端的宗教活動と同種のものとして幕藩権力から把握されていたといえる。言い換えれば、十八世紀以来の異端的宗教活動を注視する動向の延長線上に、十八世紀末以降の潜伏キリシタンの存在が問題視される事件があるということである。浦上四番崩れを除いて、それ以前の事件では「切支丹」が摘発されなかったのは、潜伏キリシタンが徹底的に排除されるべき「切支丹」とは別物と見なされたからである。もちろんそれは警戒されるべき対象ではあったが、近世秩序の枠内にとどまるものとされたことにも注意しておきたい。

「薬喰」としての牛肉食とキリシタン

近世後期に潜伏キリシタンの存在が問題化した際、その宗教活動は「異宗」「異法」と認識されて、結局「切支丹」として処理されなかったのであるが、それに関わる事件もキリシタンとは異なる名目で処理された。たとえば、しばしば天草で起こった牛肉食をめぐる事件がそうである。

天草崩れの吟味で[43]「異宗」の祭礼は何をやるのかと尋ねられた信徒は、次のように答えている。十一月中の祝日（クリスマスの意か）には四足または二足の動物の肉を用いる。その日から五五日を「過ぎ入り」、さらにそれから四九日目を「あがり」といい（復活祭の意か）、この間は四足・二足の動物の肉を避ける。この五五日の「過ぎ入り」の間は四足・二足の動物の肉を「仏」に供え、自分たちも食すが、その通りにはなかなかいかないので、代わりに鰯などあり合わせのもので済ませる。「過ぎ入り」後、四九日の間は精進の間であるがその通りにはせず魚を食べる、という。そして、四足・二足の動物は何を用いるのかと尋ねられると、信徒は牛肉をおもに用いるがそれは手に入りにくいので、多くの場合は魚肉を用いると答えている。

もっとも、吟味にあたった役人はこの問答の前提として、行事の際に四足・二足の動物の肉を決して食さないときがあるかと思えば、求めて食すときもあると聞く、と信徒に声をかけているから、この宗教活動には肉食をともなう行事が存在することはすでに了解済みであったのだろう。そもそも島原藩が「異宗」の吟味開始に踏み切ったきっかけは、天草崩れの前々年享和三年（一八〇三）末に起こった二件の牛屠畜事件であった。今富村の虎右衛門・伊八・広蔵・彦七・太平次がその嫌疑を受けて、天草崩れの吟味の際に詳しく取り調べられている。

このように、牛肉食が「異宗」と関連していると認識されていたなかで、天草崩れから七年後の文化九年（一八一二）に高浜村の重作《じゅうさく》が牛肉食をしたのではないかとして吟味を受けた。(44) 重作は隣村の今富村に住む栄作とその母親から、近くで「えた」身分の者が死んだ牛を処理するようだという情報を得てその場に行き、いまでいうハンセン病治療のための「薬《くすり》喰《ぐい》」にするとして牛肉を家に持ち帰った。ところが、重作の妻きんは最近は牛肉の扱いは規制が厳しいから、牛肉を家に持ち込むなどたいへん畏れ多いことであると重作を戒めた。そこで重作は妻の忠告を受け入れ、残りの牛肉を居住していた小屋の脇に埋めたという。庄屋・大庄屋による吟味の結論は、この件は「薬喰」としての牛肉食であり、「異宗」とは無関係であるとして島原藩に報告された。ただし、この結論の報告書が提出されるまでには、庄屋・大庄屋による吟味において「異宗」との関係を疑う動きも確かに存在した。庄屋・大庄屋は重作が牛肉を手に入れたらしいという情報をつかんでからただちに、だれが関係していたのか、どんな目的で行われ、その経緯はどのようなものであったのか、などを調べたようである。しかし、その詳細は島原藩への報告書には記載されなかった。

実は重作・きん夫婦は、天草崩れのとき改心した「異宗回心者」であった。したがって、重作が牛肉を手に入れようとしていた理由は「薬喰」ではなく、やはり「異宗」の行事に使うためであったと想定される。しかし、そうなってしまえば、「異宗」は消滅していないことが明らかになり、再び「異宗」の吟味を始めなければならなくなる。そうなれば、今度は処罰者を出さないで済むとは想定しにくかった。庄屋・大庄屋による島原藩への報告書によれば、重作は牛肉がハンセン病治療に効果があるらしいとの情報を知り合いの栄作とその母親から偶然に教えてもらい、死んだ牛を処理する現場へ行って牛肉をもらい受けたことになっている。この結論は、これを「薬喰」として処理するための庄屋・大庄屋の作為のように思える。村社会としても、彼らの宗教活動はあくまで「異宗」の範疇にとどめておいたほうがよいという判断だったのではなかろうか。

「異宗」「異法」と「切支丹」の併存

十八世紀末以降、断続的に起こった一連の事件において、被疑者たちの宗教活動は「異宗」「異法」と呼ばれたのであるが、だからといって「切支丹」という言葉そのものが消滅したのではなかった。十七世紀以来の厳格なキリシタン禁制政策の結果、「切支丹」のイメージが貧困化していき、特に十八世紀以降、怪しげなものは何でも「切支丹」的なものとする風潮が高まっていった。その背景には、二つのことが考えられる。

一つは、徹底した禁教政策のもと、現実の潜伏キリシタンが世俗秩序に埋没して、表面的にはまったく目に見えなくなったことである。死を覚悟しなければ自らの信仰を「切支丹」と認めることはできなかったから、安寧な生活と宗教活動を両立するためには、現実のキリシタンは潜伏するほか選択の余地はなかった。

もう一つは、島原天草一揆の強烈な記憶によって、「切支丹」とは世俗秩序を乱す邪教であり、一揆とはそのような邪悪な集団が引き起こす武力蜂起であるとするイメージが定着してしまったことである。近世人にとって一揆といえば島原天草一揆のことを思い浮かべた。この点については、第三章「島原天草一揆と「切支丹」の記憶」で詳述する。

以上、見てきたように、宗門改制度の全国的成立以降、潜伏キリシタンは地下活動に徹し、「切支丹」イメージとの乖離が進行した。この間、秩序を維持しようとする側からの異端的宗教活動への警戒が強まっていった結果、その判決を下す際の参考判例が、十八世紀中期制定の「三鳥派不受不施」仕置規定から直近の類似の事例に転換していくことになった。その画期が十九世紀前期（文化文政期）であった。潜伏キリシタンの存在が問題視され始めるのは、その少し前の十八世紀末（寛政期）であるが、一連のその事件では彼らの宗教活動は「切支丹」とは呼ばれず、十八世紀以来の異端的宗教活動と同類の「異宗」「異法」と表記された。潜伏キリシタンは異端的宗教活動の一種として把握されたということである。

そうした状況のなかで、文政期（一八一八〜三〇）に、それまでなら異端的宗教活動として見なされたものがそのボーダーラインを越えて「切支丹」の側に追いやられ、厳しく処罰される事例が登場する。この京坂「切支丹」一件については、第四章「異端的宗教活動から「切支丹」への転回」で詳述するが、この時期の異端的宗教活動をめぐる動向は、近世の支配秩序の根幹であったキリシタン禁制の性質が変質したことを示している。

キリシタン禁制の変化

法令や政策が時間を経るにしたがって、その制定時の事情や意図とは異なるものに変質してしまうことがあることは、歴史上いくつも存在する。戦前の治安維持法が共産主義を取り締まることを企図していたのが、総力戦体制の構築とともにナショナリズムの高揚のなかで、国家・政府に批判的なあらゆる発言を規制するものになっていったのは典型的な例である。近世のキリシタン禁制もまたそうであった。

キリシタン禁制には、近世期を通じて大きな変化が二回あったといえる。第一は、一六三〇年代末を契機とした変化である。それまでの禁制は、キリシタン指導者を規制することに重点を置くものであったのが、一般信徒を根絶やしにすることに重点を移した。第二は、十八世紀を通じて「切支丹」と異端的宗教活動とが接近していったことにより起こった変化である。世俗秩序を維持しようとする側にとって怪しげな宗教活動を規制するものに転換していった。

前者については、幕府の発するキリシタン関係法令におけるキリシタンを指す語が、一六三〇年末を境に「伴天連門徒」から「切支丹」へと変化したことがその根拠である。それ以降、井上政重の指導によって潜伏キリシタンの摘発が行われたのは、もちろん寛永十四年（一六三七）から翌十五年にかけて西九州で展開した島原天草一揆の影響による。この事件は周知のように、島原・天草の百姓がキリシタンを精神的紐帯《ちゅうたい》として武力蜂起した事件であったが、彼らは一六二〇〜三〇年代における厳しい迫害によって表面上キリシタンを棄教していた者が、再び信仰を表明した「立帰」りキリシタンであった。したがって、表面上キリシタンが消滅したように見えたとしても、キリシタン禁制徹底化の有効な手を打たなければ、潜在的にキリシタンが広がって同じような一揆が起こる可能性があることが、この島原天草一揆によって幕藩権力に強く認識されたのである。

島原天草一揆を契機として、キリシタンの潜在的拡張による一揆に脅威を覚えた幕藩権力は、その当時、人の流動性が高いことにも留意し、人的移動への警戒に重点を置いて潜伏キリシタンの摘発を進めることになった。こうして実施されたのが、一六四〇～五〇年代井上政重の指導による潜伏キリシタンの全国的摘発であった。

また、後者については、十八世紀末期から十九世紀中期にかけて潜伏キリシタンの存在が問題視されたときに、その宗教が「異宗」「異法」などと呼ばれたことがその根拠である。この間、「切支丹」のイメージが現実の潜伏キリシタンからかけ離れて貧困化していったが、詳細については次章で見よう。

このようにキリシタン禁制の内実が変化していったということであるが、キリシタンの禁教理由はそれぞれの段階でまったく入れ替わったというのではない。どの段階でも禁教の理由を一つに絞ることは困難であり、重層性があるというのが実際のところである。国家・社会のあり方によって、キリシタン禁制の論理も変化したということであろう。時代状況によって新たな禁教の論理が生み出されていくというのも可能性としては否定できないが、現実には初めから複数の禁教の論理を持っているのが、時代状況に応じてどれかが突出したり、どれかが引っ込んだりしていくということである。

具体的にいえばこうである。二九～三二頁で指摘したように、もともとキリシタンが禁止された理由としては、宣教師を支えるポルトガル・イスパニアの軍事力、神仏への宣誓で成り立っている秩序の崩壊、神の前の平等という教義、キリシタンを基盤とした土豪層による地域支配、武装蜂起・一揆の基盤、魔法を操る怪しげなイメージ、などへの脅威があげられる。しかし、そのどれが本質的理由で他は副次的理由であるということではなく、どれもが禁教の理由として考えられるのだが、キリシタンを取り巻く国家・社会のあり方や時代状況によって脅威の強弱が変化したということである。

幕藩権力にとってもっとも脅威だったのは、十七世紀初期では、起請文に見るような神仏への宣誓で成り立っている秩序の崩壊、キリシタンによる土豪層の地域支配などであり、島原天草一揆を経た十七世紀前期から中期では、キリシタンが武装蜂起や一揆の基盤になりうることであった。そして、一六六〇年代に宗門改制度が全国的に制度化され、キリシタンが潜伏状態に入ってその信仰の習俗化が進行すると、十八世紀をまたぐころからキリシタンの怪しげなイメージがいっそう強まっていくことになった。

こうして十八世紀以降十九世紀にかけて、隠し念仏などのような既存宗派の〝異端〟の他、民間信仰・流行神を含めた異端的宗教活動との判別が困難になっていき、貧困化した「切支丹」イメージと混同されるようになっていった。ただし、近世後期に怪しげな言説・集団・行動が「切支丹」的なものとして弾圧されていくのは、この時期に初めてキリシタンがそう認識されたからなのではない。十六世紀末から魔法を操るという怪しげなイメージはすでにあった。十六世紀末から十七世紀初期の段階では、そのイメージが禁教・弾圧を決定づけたとはいえないが、そうした脅威は伏線として最初から確かに存在し、キリシタンの潜伏状況の長期化とあいまって十八世紀以降、その怪しげなイメージが増幅されていったのである。

したがって、複数ある禁教理由のうち、どれが本質的でどれが副次的だというのではなく、キリシタンを取り巻く情勢との関係でどれかが主でどれかが従の理由となってキリシタン禁制は維持された。こうしたキリシタン禁制という宗教政策の重層性をふまえ、それぞれの時代の国家・社会のあり方にそくして検討することが、キリシタンを考える際には必要とされる。

第三章　島原天草一揆と「切支丹」の記憶

1　近世社会における〝異端〟の象徴

虚構としての「切支丹」像

前章までは近世期を通じてキリシタンを取り巻く状況が大きく変化した様子を見た。十八世紀をまたぐころから「切支丹」イメージと現実のキリシタンとの間の差異が大きくなり始め、「切支丹」と異端的宗教活動との境界が曖昧になっていく。そして、十九世紀をまたぐころからキリシタン禁制は、異端的宗教活動を取り締まる政策へと近づいていった。ところで、「切支丹」イメージと現実のキリシタンとの差異が大きくなっていったというのは、どのようなことをいうのか。筆者はこれを「切支丹」イメージの貧困化と呼んでいるが、本章ではこの点について具体的に見たい。

一般的にある特定の対象の記憶やイメージというのは――月日が経っていればなおさらのこと――、正確に実際のその対象を表しているとは限らない。もちろん、正確とはどのようなことをいうのかという問題もあるが、記憶・イメージはその主体者を取り巻く条件や状況に応じて変わり得るものである。記憶やイメージが現実のそれとほぼ同じまま継承され、大きな変化を生じなかったとしても、その扱われ方やそれに付随して生起することは変化する場合が少なくないように思われる。とすれば、記憶・イメージとそれに関わることは、その時代の秩序がどのようなものであったのかを一定程度反映しているともいえる。

したがって、近世期に島原天草一揆や「切支丹」がどのように記憶されていったのかということを検討することは、厳しいキリシタン禁制を基軸とした近世秩序のあり方について考える材料になり得る。ここでは、近世人がイメージした虚構としての「切支丹」像に焦点を当てて考えてみようと思うが、それは現実の潜伏キリシタンがどのような存在であったのか、という点も浮き上がらせることになるはずである。

島原天草一揆の記憶の継承

島原天草一揆は原城に立て籠もった三万人余の一揆勢を皆殺しにして終結した。実際、落ち延びたり幕府軍従軍者に連行されたりした者もいただろうということは否定できないが、少なくとも根絶やしにしたいと考えた幕府にとって殲滅したという言説が必要で、一揆後そのように宣伝された。ただし、この一揆で犠牲になったのは一揆参加者ばかりではない。幕府軍にも多数の犠牲者が出た。ここでは、幕府軍従軍者の戦死者を弔う年忌法要に注目したい。

たとえば幕府軍の主要参加藩の一つであった佐賀藩の場合、近世を通じて五〇年ごとに藩をあげて法要を実施している。貞享三年（一六八六）の五十年忌、元文元年（一七三六）の百年忌、天明六年（一七八六）の百五十年忌、天保七年（一八三六）の二百年忌がそれである。さらに明治維新後にも二百五十年忌法要が行われている。このときは明治二〇年（一八八七）四月に実施された。もちろんこのとき佐賀藩はすでにないが、廃藩後も従軍戦死者に対する供養が行われていたことはたいへん興味深い。近世期と廃藩後では供養のあり方にどのような違いがあるかについて、ここでは詳細に分析する余裕はないが、いずれ考えてみたい点ではある。ともかく、長期にわたってこのような行事が藩をあげて実施されていたことにまずは注目したい。

また、戦死者の名前を刻んだ立派な供養碑や位牌が建立され、現代にいたるまで後世に長くその名が伝えられている。たとえば、同藩諫早領では当主諫早家菩提寺の天祐寺《てんゆうじ》に供養碑が建てられている。碑文には建立年代が明記されていないが、「木星三十《もくせいさんじゆう》　有三移《ゆうさんうつり》、想《おもい》　見島《みるしま》原百《ばらひやく》　戦時《せんのとき》」とあり、島原天草一揆から三三年経っていることを示唆している。三十三回忌のときに建立されたものと考えれば、その年代は寛文九年（一六六九）ということになる。ここには諫早家中六六人のほか、「又者《またもの》」一四人、「百姓」一一人、合計九一人の名前が刻まれている。『諫早市史』三（一九五八年）に翻刻されている戦死者は九二人となっているが、「貞包平右衛門」が二ヵ所あって重複しているので、正確

島原天草一揆戦没者諫早家追悼碑。諫早市・天祐寺

には九一人である。なお、百姓が含まれているのは、武器・弾薬や兵糧の運搬役として彼らも動員されたからである。

この年忌法要で注目されるのは、佐賀城下の藩主家菩提寺である高伝寺《こうでんじ》にて法要が行われるときに、戦死者の子孫が呼ばれて焼香を許されたばかりでなく、その後、藩主に拝謁を許されたのち、料理と酒までふるまわれていることである。それは百姓の戦死者の子孫も含まれるものであったことから、島原天草一揆の戦死者に対する法要は領民を含めた藩をあげての特別な行事であったといえる。

佐賀藩には三つの支藩（小城《おぎ》藩・蓮池《はすのいけ》藩・鹿島《かしま》藩）があったほか、親類・親類同格などそれぞれに知行が宛《あて》がわれており、島原天草一揆の年忌法要についても右の佐賀城下高伝寺における法要に加えて、それぞれの領主家でも同じように法要が行われていた。たとえば、親類同格とされた諫早家でも同家菩提寺の天祐寺において、同じように戦死者の子孫が焼香のあと、諫早家当主に拝謁を許され、料理と酒をふるまわれた。

五〇年ごとに実施されたこの行事において、もっとも困難な作業の一つは戦死者の子孫を確定することであった。家の断絶などにより戦死者の子孫を確定できない場合や誤認のケースがあり、藩の担当役人は年忌法要が近づくと前回開催時の書類をかなり念入りに確認している。その際、戦死者の子孫として認められなかった者が納得できない旨訴えることもあったことから、戦死者の子孫として年忌法要に参加することが許されるのはたいへん名誉なことだったのだろうと想像できる。(45)

しかし、残念なことに年忌法要関係の史料に書かれているのは、法要の手順や参加者の確定に関するものがほとんどで、島原天草一揆やこの法要に対する認識については何も記されていない。それでも、江戸時代を通じて五〇年ごとに藩をあげてこうした法要が行われていたのは、佐賀藩にとって、島原天草一揆がその記憶を継承し続ける必要のある事件として認識されていたからなのだろう。

甦る島原天草一揆と「切支丹」

島原天草一揆が強烈な印象を与えたのは、幕府軍に従軍して戦死者を出した藩関係者に対してだけではない。近世人は、不穏な情勢が惹起した際には島原天草一揆・天草四郎や「切支丹」を想起する傾向があった。いくつかの事例を紹介しよう。

まず、享保十一年（一七二六）に美作《みまさか》国津山藩領で起こった山中《さんちゅう》一揆の一揆物語『美《み》国四《こくし》民乱放記《みんらんぼうき》』では、一揆の頭取徳右衛門が天草四郎の孫とされている。徳右衛門は一揆の計画を進めるに当たって、「アマノ四郎ノ左衛門佐《さえもんのすけ》藤原時貞」と改名したという。徳右衛門は百姓の負担増加に荷担したもろもろの津山藩の役人は天罰を受けると指摘して、我が命が終わってもこの恨みは死に変わり生き変わって鬼とも蛇ともなって蘇るだろうといったという[46]。もちろん、必ずしも四郎が共感をもって描かれているのではないが、四郎は民を顧みない治者の不正義を告発する象徴であり、それが糺されなければ今後もその亡霊は何度も甦ることが示唆されている。

この『美国四民乱放記』という一揆物語は基本的には領主の「仁政」を理想と考えるものであり、その点で近世人の秩序観にそって描かれている。それだけに、この物語では天草四郎はそうした「仁政」を引き出す触媒のような存在であり、平穏な世とは対極的な状況を生み出す象徴でもある。

寛延二年（一七四九）に陸奥国幕府領で起こった彦内《ひこない》騒動（寛延信達《しんだつ》一揆）の記録『伊信《いしん》騒動記』でも、類似の秩序観を見ることができる。この史料では、このたびの騒動を寛永・慶安のころの天草四郎や由井正雪らが起こした事件とは異なるものとして位置づけている。彦内騒動はあくまで強訴であるとし、一揆とは違うという指摘である。したがって、このたびの件で百姓たちが手道具を持っていなかったのは当然のことであり、訴願を実行したまでのことであったという(47)。

先行研究(48)によれば、十七世紀中後期から十八世紀末にかけての典型的な百姓一揆の一次史料では、「一揆」の語は登場しないとされている。それは、この『伊信騒動記』に見えるように、近世人にとって訴願運動は一揆ではなかったからである。近世人の発想では、天草四郎は由井正雪とともに武力蜂起を企てた者としてイメージされ、島原天草一揆や慶安事件は訴願活動を主とする百姓一揆（と現代人が呼んでいる民衆運動）とは別種の事件であった。

こうした傾向は基本的に幕末まで継続されたものと思われる。たとえば、陸奥国伊達《だて》郡金《かな》原田《はらだ》村の菅野《かんの》八郎は、文久二年（一八六二）四月付で家族に宛てた手記『子孫心得之事』のなかで、幕末の不安定な情勢を前にして警戒するべきは「切支丹」であると説いている。八郎は慶応二年（一八六六）に同国信夫《しのぶ》郡・伊達郡で起こった慶応信達一揆の指導者と見なされた人物である。自身はそれを否定しているし指導した痕跡もないので、実際の指導者ではなかったと思われるが、この地域の指導的立場にあったことは確かである。八郎によれば、島原天草一揆を思い浮かべれば、「切支丹」の百姓はデウスに命を捧げる一念で心を一つにして行動を起こすので、まったく武士と異なるところはないという。そして、もし日本の半分の「愚民」が「切支丹」になってしまえば、日本列島のいたるところで「乱」が起こってしまうことになるだろうといい、「切支丹」への警戒が必要であるとする(49)。

　同時代人の認識をもう一つ見よう。慶応三年に始まる浦上四番崩れの際、信徒のリーダーの一人であった高木仙右衛門が事件後に遺した覚書には次のようにある。維新政府により津和野藩に配流された仙右衛門は、棄教するよう説得する役人に対して「キリシタンハおかみ（上）にいつき（一揆）をした事もありません」と応えたという。続けて仙右衛門は、世間ではキリシタンは天草四郎のように謀反をしたり、勝手自由に振る舞うもののように言い立てていて、お上もその通りに疑っているようであるが、それは「おほき（大）にりよふけん（了簡）ちがい（違）」であり、「けつ（決）してキリシタンハてん（天）のしろ（四郎）のこときもの（者）でありません」と述べ(50)、厳しい拷問によく耐え最後まで信仰を守り通した。

　八郎と仙右衛門は幕末維新期という同時代に生きた人で、前者が非キリシタン、後者がキリシタンという対照的な立場ということになるが、注目されるのは「切支丹」に対する認識が一致しているということである。既存秩序を乱す象徴として「切支丹」がイメージされているのは、当人がキリシタンであるかどうかに違いはなかった。

2 「切支丹」イメージの貧困化

東北諸藩領の隠し念仏

こうして、「切支丹」は常に島原天草一揆とセットでイメージされ、実際、治者の側から見て世俗秩序を乱そうとする邪悪なものは「切支丹」的なものとされるようになる。場合によっては、「切支丹」のレッテルを貼られて糾弾されることが起こっていく。

実際、宝暦四年（一七五四）に仙台藩領上胆沢《かみいさわ》郡水沢《みずさわ》柳町の百姓庄助と、同藩士留守《るす》家家中の山崎杢左衛門《もくざえもん》が「犬切支丹」として糾弾され、処刑される事件が起こっている。両人とも俗人身分でありながらいろいろなところに赴いて仏法を説き、蓮如《れんにょ》の「文章」を人びとに読み聞かせたことが問題視された。これにより「邪法」をもって大勢の百姓を惑わせ、「御政事」を害したと判決書はいう。庄助は磔《はりつけ》のうえ家財闕所《けっしょ》、杢左衛門は磔とされた。怪しい法を作り、諸人を惑わし、風俗を損なったことが重罪に値する、と判断されたのである。

彼らの宗教活動は浄土真宗の〝異端〟とされる隠し念仏であったと思われるが、この場合は「切支丹」として処罰されたのではなく、「切支丹」と同類のものとして処罰されたということなのであろう。その後も東北諸藩領では、隠し念仏が「切支丹同様」の扱いを受けて、しばしば事件が起こった。

まず、文化元年（一八〇四）、仙台藩領出身の医者であった木村養庵《ようあん》が盛岡藩領・八戸藩領にやってきて、浄土真宗に紛らわしい「法談」をして人びとを惑わしたとされ、追放された。それは「切支丹」であったとの評判であったが、真に「切支丹」とは信じられなかったようで、「三業頼《さんごうだのみ》」の者であったとされた。この時期、浄土真宗本願寺派において、身《しん》・口《く》・意《い》の三業をあげて救いを頼む三業帰命説《きみようせつ》をめぐって教学論争が起こっている（三業惑乱《さんごうわくらん》）。三業による阿弥陀仏への本願は、絶対他力を根本教義とする浄土真宗にとって異安心《いあんじん》にあたるのではないかとされ、論争になった事件で、文化三年（一八〇六）、幕府の介入の結果、三業帰命説は異説とされた。木村養庵が説いた教説が、この三業帰命説そのものであったかどうかは必ずしもはっきりしないが、少なくとも吟味を担当した藩権力からはそのように判断されたのだろう。そして、それが地域秩序を乱す「切支丹」的なものとして批判されたということではないか。

次に、文化十三年（一八一六）、右の木村養庵から相伝された、八戸藩領下土館《しもつちだて》村儀兵衛（禅教《ぜんきょう》）と北片寄《きたかたよせ》村清兵衛が人びとに広めた教えが「切支丹」であるとの風聞が立ち、彼らは入牢のうえ、その後牢死した。これを受けて、同年八月付で八戸藩寺社奉行野村武一から寺院・領民に向けて、「紛敷《まぎらわしき》宗門」を信仰しないよう注意が促されている。その内意書によれ

山崎杢左衛門供養碑。岩手県紫波郡矢巾町・本浄寺

ば、それがたとえ正法であったとしても、俗人が教えを広めるのは「天下一統御制禁」の「切支丹同様」のものであるとして処罰されたという。

そして、文政八年（一八二五）、右の禅教から相伝された医者及川立益《たてます》（順證《じゅんしょう》）が「切支丹」とされ、捕らえられた。これに先だって、順證は数年前から「邪教」の疑いがあるとして盛岡の本誓寺《ほんせいじ》に預けられ、堂守《どうもり》となっていたが、そこでの活動が怪しいとされたのである。判決は文政九年五月のことであったが、すでにそのとき順證は牢死していた。これらの活動に関係した人物がすべて「切支丹」とされたのではなかったが、一連の東北諸藩領における隠し念仏の事件[51]は、異端的宗教活動が「切支丹」的なものとして糾弾された事例であったといえる。

さらに、明和四年（一七六七）に石見《いわみ》国浜田藩領で起きた浜田宗論にも類似の傾向を見ることができる。この事件は、禅宗・浄土宗・真言宗の僧侶が神祇不拝を説く浄土真宗を批判した事件で、その際、真宗を貶《おとし》める文言として「切支丹」が持ち出された[52]。このように、「切支丹」の語は、十八世紀以降そのイメージの貧困化にともない、怪しげなものを批判する呼称として使用されていった。

対馬藩田代領の隠し念仏

九州の隠し念仏の事例も見よう。対馬《つしま》藩田代領（現、佐賀県鳥栖市・基山町周辺）でも隠し念仏がさかんで、元禄期と宝暦期に、怪しい宗教活動を行っているとされて、数人の者が吟味を受ける事件が起こっている。その宗教活動は、吟味のなかで「宗意違」とか「異法」などと呼ばれた。(53)ここで注目したいのは、宝暦期（一七五一～六四）の事件の際、対馬藩当局がこの宗教活動について死を喜ぶものと認識していたことである。藩が送り込んだ間者からの報告書のなかに、この宗教活動に関わっている者は「死を悦《よろこ》」ぶとあるのを受けて、重臣も藩主も、その宗教活動の関係者はみな死地に陥ることを厭わない者たちである、と認識した。

このような死を気にしない宗教というイメージは、当時の「切支丹」のイメージとまったく重なる。たとえば、「宗門檀那請合之掟」という名で知られる慶長十八年（一六一三）付の偽法令では、「切支丹」は死を顧みず、火に入っても焼けず、水に入っても溺れず、身から血を出して死ぬことを「成仏」するという、とある。(54)したがって、死を軽く考える者は怪しいのでよく吟味する必要があるというのである。

この法令には、慶長期にはまだ禁止されていない悲田宗《ひでんしゅう》（不受不施派から枝分かれした宗派）が、不受不施派とともに禁制宗派として記載されていることから、これがこの年に幕府から発令されたものでないことは明らかである。ただし、これが寺院文書や地方《じかた》文書に混入しているケースが多く見られることから、近世社会に広く流布していたことも確かであろう。先行研究によれば、遅くとも十八世紀中期までには成立していたものであるとされる。(55)これは明らかな偽法令ではあるが、ここに描写されている「切支丹」は近世人のそれについての認識を知る手がかりとなる。この史料のなかで「切支丹」が死を惜しまない宗教として描かれたのは、それが通念化していたからである。

対馬藩当局にとって田代領の「異法」はこのような「切支丹」の姿とダブって見えたということなのだろう。異端的宗教活動はそれがキリシタンではないことがはっきりしていたとしても、「切支丹」イメージの貧困化が進行していった十八世紀中後期以降、何でも「切支丹」的なものとして捉えられる傾向にあった。

ただし、怪しげなものを「切支丹」的なものとして捉えるという傾向は、治者の側だけではなかった。実は宝暦期の対馬藩田代領での一件で、「異法」活動のリーダーと見なされた五人が対馬藩国許に召喚されて吟味を受けた際、その一人の明覚坊《みょうかくぼう》が次のような証言をした。この事件の発端となった領内の真宗寺院僧侶こそ「きりしたん悪僧」だ、と訴えたのである。そもそもこの事件は、領内真宗寺院の光徳寺《こうとくじ》僧侶が怪しい宗教活動の存在を田代領代官に訴え出たことから起こった。これを受けて田代領代官は、光徳寺僧侶に対して同領内の真宗寺院西法寺《さいほうじ》僧侶とともに詳しく調査するよう命じ、探索が始まった。この事実から、「異法」活動を実践している村民がこの一件の発端をつくった真宗寺院の僧侶を恨みに思っていたことを受けて、明覚坊は彼らこそ「きりしたん」であると批判したということである。もちろん、彼らが「きりしたん」である証拠も事実もなく、国許に召喚された一人がこうした証言をしている旨、国許重臣から知らされた田代領代官は、国許重臣への返書のなかでそのことを強く否定した。ここで注目されるのは、「きりしたん」とは被疑者にとっても、相手を批判したり貶めたりする場合の手段として使われているということである。

治者であれ被治者であれ、この時代でもっとも邪悪なものといえば「切支丹」をイメージするというのは、双方に共通することであった。このことは江戸時代に上演された演劇にも見ることができる。それは「七草四郎もの」と「天竺《てんじく》徳兵衛もの」と呼ばれる歌舞伎である。「七草四郎もの」は島原天草一揆における天草四郎を、「天竺徳兵衛もの」は十七世紀初期東南アジアに往き来した実在の船頭天竺徳兵衛を、それぞれモデルとした歌舞伎の演目で、そのなかで天草四郎（と思われる者）や「切支丹」が登場している。多くのバリエーションがあるが、それらから共通の特徴を抽出することができる。第一に「切支丹」を思わせる掛け声・妖術・異名を使用していること（たとえば、「でい〱はらいそ〱」「南無サッタルマグンダイリヤ」「しゆごせうでん、はらいそ〱」）、第二に妖術使いが異邦人の場合は異国（琉球・朝鮮・明）と結びついた謀反人劇となっていること、第三に妖術使いが邦人の場合は御家騒動・権力闘争における謀反人劇となっていること、である。(56)

以上のように、島原天草一揆・天草四郎と「切支丹」は近世の既存秩序の破壊者として認識されていたことを確認できる。〝異端〟の象徴としての「切支丹」を封じ込めることによって近世秩序は成り立っていた。

「切支丹」と異端的宗教活動の混同

このような宗教活動は、異端的宗教活動にとどまる限りにおいては、権力から警戒されることがあったとしても「切支丹」として処罰されることはない。ところが、それは警戒される対象であるがゆえに、「切支丹」との混同も起こりやすい。事実、右に紹介したように、十八世紀中期から十九世紀前期にかけて、東北諸藩領では浄土真宗の〝異端〟である隠し念仏が「切支丹」的なものとされて糾弾されていた。

また、十八世紀前期にはすでに、荻生徂徠《おぎゅうそらい》が将軍徳川吉宗に献上した政治改革論『政談』において、次のように指摘している。今は「吉利支丹宗門」の書籍を見る人がいないので、その教えがどのようなものであるのかを知る人がいない。したがって、儒道・仏道・神道も悪く説いたならば「吉利支丹」のようになってしまうかもしれない、という[57]。

俗人による民間信仰ばかりでなく、既存の宗教活動も異端的な活動と見なされれば容易に「切支丹」のレッテルを貼られる可能性があり、十八世紀後期以降の世情不安のなかで、異端的宗教活動が警戒されるべき対象であるとの認識はいっそう大きくなっていった。十九世紀前期に成立したと思われる記録には、異端的宗教活動と「切支丹」の混同が進んでいった様子が窺える。

たとえば、日蓮宗・浄土真宗を批判した書である平田篤胤《あつたね》著『出定笑語《しゅつじょうしょうご》附録』は、日蓮宗の〝異端〟三鳥派や不受不施派を「切支丹ノヤウデ有タ」とした[58]。また、著者不明の通俗的排耶書『蛮宗制禁録《ばんしゅうせいきんろく》』は、同じ三鳥派や江戸で摘発された浄土真宗の〝異端〟「土蔵《どぞう》門徒」を「切支丹の余類」であるとしている[59]。

ただし、この段階では「切支丹」として処罰されたのではないことにも注意が必要である。「切支丹」の呼称はあくまで相手を貶めるための手段であって、異端的宗教活動と同義ではない。ところが、「切支丹」と異端的宗教活動の接近はやがてそのボーダーラインを希薄化させ、異端的宗教活動が「切支丹」そのものとして処罰される事例の登場をもたらした。文政十年（一八二七）に起こった京坂「切支丹」一件である。この事件についての詳細は第四章「異端的宗教活動から「切支丹」への転回」に譲るが、これは十八世紀以来の「切支丹」イメージの貧困化の帰結である。

3　近世人のキリシタン知識

キリシタン教義の知識

前節で見てきたように、近世期、島原天草一揆や「切支丹」は既存秩序とは相容れない〝異端〟の象徴としてイメージされていたが、その一方で、近世人はキリシタンについて無知ではなかった。キリシタンの教義や活動についての近世人の知識がどの程度のものであったかをみておこう。

厳しい禁教下、書物文化の浸透のなかで多数の通俗的排耶書が普及していたことが知られている。この書物の趣旨は基本的には「切支丹」を批判することにあり、その点で内容的には荒唐無稽といってよい。たとえば、もっとも多くの写本（異本を含む）が知られている『切支丹宗門来朝実記』のなかからそうした話を拾ってみる(60)。

まず、日本を奪おうとする南蛮国王の謀議があったとされる。それこそが「切支丹」が日本にもたらされた原因であり、その先兵として「宇留岸《うるがん》」「富羅天《ふらてん》」なる二人の「破天連《ばてれん》」（宣教師）が南蛮国王のもとに招かれて、その説得により日本に派遣されたとする。そして、彼らは奪国を企てる南蛮国王の手先となって魔法を操り、人びとを「切支丹」に誘い込んだという。あとから派遣された「伊留満《いるまん》」（修道士のこと、『切支丹宗門来朝実記』では「不思議の医師」となっている）とともに、特に彼らに見込まれて彼らの「寺」に留め置かれた者に対して、枯れ木に花を咲かせるとか、土くれを宝珠《ほうじゆ》にするとか、黒雲を起こして雨雪を降らせるなどの奇術を教えた。

また、「切支丹」を危険なものと感じた豊臣秀吉が、召し捕りを命じた際に行方がわからなくなっていた信者がのちに秀吉に召し出され、そのとき次のような魔術を披露したという。紙を菱形に切って水中に入れると魚になったとか、こよりを座敷に投げ出すと大蛇になったとか、手の内で卵を鶏にしたとか、富士山や近江八景を目の前に再現してみせたとか、さまざまな不思議なことをやってみせた。受けがよかったことから調子にのった彼らは、かつて秀吉が手討ちにした女性奉公人を幽霊として出現させたことから、かえって秀吉の不興を買ってしまった。この結果、彼らは行方がわからなくなっていた「切支丹」であることが突き止められたという。

このように、『切支丹宗門来朝実記』には多くの荒唐無稽なフィクションが次から次へと登場する。その点で、このような通俗的排耶書がキリシタンの実像を伝えていないのは当然で、ここから想起される「切支丹」像はゆがんでいるといえる。

ところで、通俗的排耶書のほとんどは刊本ではなく写本で流布した。その理由は、通俗的排耶書にはキリシタンの教義や活動について言及しているところがあり、キリシタン禁制のもとではそれが流布することについて憚られたからであろうと推測される。

実際、『切支丹宗門来朝実記』には次のようにある。キリシタンの本尊は、天地にいまだ何もないときに生まれた「伝宇須如来《デウス》」というものである。世界が一枚であったとき、静まりかえっている状態のなかでは、この「仏」のほかに何もなかった。この「仏」の力によって「森羅万像日月人間鳥類畜類草木」、自然界のあらゆるものすべてが創り出された。したがって、「伝宇須如来」こそ世の中を創り出したおおもとの「仏」であるのだという。

このように、キリシタンが創造神を崇拝する宗教であることは、通俗的排耶書を通じて近世人に広く知られていたといえる。また、通俗的排耶書には、磔にかかっている本尊の姿について、「天主」に帰依する者のために、本尊が難行苦行して人びとに安楽を与えるためであるとの説明があるほか、これを信仰すれば「波羅夷僧有《はらいそう》」（パライゾ＝天国）という天上にて快楽の身となって自由を得られるとする話や、大根おろしのような釘を付けた「クルス」によって素肌の背中を掻きむしる苦行などの宗教活動の記述もある。もちろん、実際に宣教師が活動していた時代の教義や活動内容とは差異が生じている部分があるので、これを読んだとしても近世人が十分なキリスト教の教義知識を持つことはできなかったであろう。しかしそれでも、広く流布した通俗的排耶書には、創造主の概念や「切支丹」の宗教活動についての記述があるという事実について、ここでは注目したい。

それは、幕末維新期に生きた菅野八郎の知識でも同じである。八郎は、先に見た『子孫心得之事』のなかで次のように述べている。天地が生まれたときに顕れた「仏」は「テウス」(デウス)または「大アルス」(ダイウスの訛りか)ともいい、最初に「日月星」を創って世界を明るくし、それから段々人間をはじめあらゆるものを創出した。世界を創り出したデウスの掟に背く者は、「インヘルノ」という地の下の暗い地獄で鳥獣の形にされて苦しむことになる。一方、デウスの教えにしたがう者は「ハライソウ」という天上の極楽で安楽になり、現世では裕福になってどんな願い事もかなうという。

さらに続けて、八郎はキリシタンの信仰対象についても言及している。この宗教の「寺」には「秘密の間」があって、そこに「テウス」の形を磔にかけて置いてあるとし、これは難行苦行の様子を信徒に見せて感涙を流させるための謀略であるという。その次には「対面の間」があって、ここには、「テウス」を産んだ「サンタマルヤ」という女が二歳くらいの子を抱いている姿がある。これはこの女の胎内にやどった「テウス」が世の中を救うために生まれたことを見せるためであるという(61)。

八郎が通俗的排耶書を読んでいたかどうかはわからないが、八郎の「切支丹」認識は基本的にはその内容にきわめて似ており、その点で近世人一般の「切支丹」認識から外れたものではない。とすれば、近世人は幕末にいたるまで「切支丹」の怪しげなイメージを継承してきたといえるが、だからといって単純に奇怪なイメージだけで「切支丹」を捉えていたのではなかった。近世人が創造神の概念を了解しつつ、なお既存秩序を乱す奇怪なイメージを保っていたのは、近世人はそうした創造神概念に共感する環境になかったということを示すものなのではないか。

施行・慈善活動・仏教批判

いま一つ、通俗的排耶書の内容で注目したいのは、キリシタンの施行《せぎょう》・慈善活動について繰り返し言及のうえ、仏教への批判を展開しているという点である。ここでも『切支丹宗門来朝実記』の記述を見よう。この通俗的排耶書では、次のような描写がある。

「切支丹」の宣教師は、「切支丹」の宗教施設である南蛮寺から毎日各地に人を派遣し、橋の下で寝起きしている乞食・非人や山野に捨てられた「業病」の者、そのほか難治難病の者や生活が苦しい貧苦の者などを探し出して南蛮寺に連れ帰らせている。そして、貧しい者には金銀を与え、病人には療治を加えてやると、一〇人に八、九人は全快する。そのうえ彼らに衣服を与えてやるので、昨日までぼろ切れを来ていた者が今日は錦を身にまとうことになるのであるから、「切支丹」に恩を感じる者は数知れないほど多くいる、という。

これに対して仏教には厳しい文言が発せられる。『切支丹宗門来朝実記』の記事によれば、仏教の開祖である釈迦は不孝者であるという。釈迦は一九歳で出家し、檀特山《だんどくせん》――『日本国語大辞典』によれば、「北インドのガンダーラ地方にあるとされる山」で、「釈迦の前身、須太拏《しゅたぬ》太子が菩薩の修行をした所」という――にさまよったうえ、身にはぼろ切れを着し、一生野原に暮らし、物乞いをして他人のものをもらいながら生活した。そして、さまざまな説法によって人を誑《たぶら》かした。十六羅漢《らかん》・五百羅漢などという釈迦の弟子たちは、みな野原に住む「片輪者」である。いまの坊主たちもみなそのまねをして人の施しを受け、施しの厚い者には付き従ってへつらう。その身の立ち居振る舞いは一つとして誠実ではない、と手厳しい。

ただし、このような仏教批判は通俗的排耶書に限られることではなかった。たとえば、懐《かい》徳堂《とくどう》の儒者中井竹山《ちくざん》が十八世紀末に松平定信に献言した『草茅危言《そうぼうきげん》』(62)は、厳しい仏教批判を展開している。社会・経済・政治をはじめ多方面にわたって当時の問題点を論じたこの書では、「仏法の事」という項目が立てられ「仏法は天下古今大害たる事云を待ず」と冒頭から厳しく断罪している。歴代の王のうち、仏教を廃する者はみな賢君であり、反対に仏教を信じる者はみな暗君であるとし、なかでももっとも害が大きいのは一向宗であるという。続く「寺院の事」「出家の事」でも新規の寺院建立や私度《しど》僧を取り締まることは当然であるなどと説き、公儀によって仏教の管理を強化することが提言されている。

このように、近世後期における仏教批判はおもに儒者によって展開されたから、通俗的排耶書の著者も儒者であったかもしれない。それはもちろん確定できないが、多くの人びとに読まれた通俗的排耶書のなかで仏教批判が展開されたという事実をどのように考えればよいだろうか。

一般論として、ある書物が受け入れられていたというのは、その内容が当時の人びとにとって一定の共感を得られるものであったことを示している。既存秩序の一端を支えている仏教への批判が共感をもって読まれていたとすれば、それは近世人の現実の秩序への不満を表していているように思われる。もちろん、仏教によって救われた者も少なくなかったはずであり、これをもって仏教が一律に堕落していたなどと主張するつもりはない。しかし、仏教への不満が一定程度存在していたことも確かであり、その状況は既存秩序への不満が醸成されていたことを表しているともいえるのではないだろうか。

通俗的排耶書の内容に戻ると、『切支丹宗門来朝実記』ではそうした仏教批判に続き、その対比として次のようにいう。日本には「伝宇須如来」の法がないので、貧しくて苦しむ者や病気で苦しむ者が多く、乞食・非人たちが世の中に迷い出て盗賊や悪党になるのだと。逆に、南蛮国では天帝である「伝宇須如来」を敬う故、難病で苦しむ者はいない。この国の大王の「仁徳」によって民はめぐみを与えられるので、国は豊かである。この大王は「伝宇須如来」の法がまだ広まっていないところに宣教師を派遣している。「切支丹」宣教師の法を広めようとしているのは、難病・貧苦で苦しんでいる人びとを救おうとするためである。これはまったく南蛮国大王の「慈悲」である。日本はこの法が広まらないから病人・貧人が多いのだという。

これらはいずれも、宣教師が語った言葉とされるものである。ここでは、施行や慈善活動が賞賛されているのではなく、すべて人びとを誑かすための手段であるという文脈で記されている。しかし、そうした前提で語られていたとしても、南蛮国の大王や「切支丹」の「仁徳」「慈悲」との対比により、現実の日本の治者やそれを支える仏教を相対化する効果はあったはずである。通俗的排耶書が広く流布した十八世紀中期以降、さまざまな矛盾が現れ始めていたことはよく知られているところであり、通俗的排耶書における「切支丹」の施行や慈善活動の描写はそうした現実への不満から、共感をもって読まれた可能性がある。通俗的排耶書は第一義的にはもちろん、「切支丹」を批判する目的で書かれたし読まれたのであるが、その意図とは別に治者と既存秩序への批判の芽を内包していたともいえる。

領主苛政への批判

実際、島原天草一揆を描く一揆物語が、「切支丹」一揆としての性格とともに、一揆の原因として領主苛政を強調していたことは先に見た（四三〜四六頁参照）。

これら島原天草一揆を引き起こした領主松倉・寺沢への批判は、彼らが治者の反面教師として人びとに強く印象づけられていたことを示している。この記憶の継承は、同時に現実の領主に対して松倉や寺沢のような苛政を戒める効果があった。近世人にとって、私たち現代人が百姓一揆と認識している運動は一揆ではなく、島原天草一揆こそが一揆そのものであったのは、この一揆が領主による苛政によって引き起こされたと考えられていたからである。近世期の領主は「仁君」「明君」でなければならなかったし、「仁政」を期待する百姓の要求に必ず応えてくれると信じられていた。

こうした観念は、通俗的排耶書が南蛮国の大王や「切支丹」の施行・慈善活動を描き、それに対比するかたちで仏教批判を展開したのと連動する関係にある。つまり、敵対する南蛮国大王の「仁徳」「慈悲」を指摘することによって、現実の幕藩領主がそれを実践しているかどうかを問うと同時に、徹底的に排除されるべき「切支丹」が貧しい者や病気の者に対して救いの手を差し延べていたことを指摘することによって、近世秩序をイデオロギー的に支える仏教が民の宗教的願望に応えているかどうかを問うことになる。通俗的排耶書の著者と読者がそれを意図していたかどうかはわからない。しかし、そのことを意識していたかどうかにかかわらず、宣教師が活動していたころ実際にも行われていた「切支丹」の慈善活動の描写は、結果として近世人に現実の秩序の矛盾を認識させることになったのではないだろうか。

「内憂外患」と「切支丹」

ただし、近世人が通俗的排耶書によって「切支丹」の慈善活動の知識を得ていたとしても、キリシタンへの理解が深まっていたのではない。前節で見たように、むしろ「切支丹」イメージの貧困化が進行しており、特に十八世紀末以降の「内憂外患」と呼ばれる危機状況が高まるなかで、治者の側から警戒するべき対象として「切支丹」がさかんに引き合いに出されてくる。

たとえば、水戸藩主徳川斉昭《なりあき》が天保九年（一八三八）八月付で記し、翌年に幕府に提出した『戊戌封事《ぼじゅつふうじ》』(63)と呼ばれる、幕政に対する意見書にその典型を見ることができる。この『戊戌封事』は天保期（一八三〇年代）の日本の現状を病人にたとえて、その原因は「内憂」と「外患」にあることを指摘したことで著名である。

「内憂」としてはまず、次のようなことを指摘している。領主と領民のような上下関係の意思疎通が不自由となっており、政治の仕組みが機能不全に陥っていることが問題だという。そのため風紀が乱れて民心が動揺しているとし、その具体的な例として、天保七年に起こった甲州騒動と三河加茂一揆、その翌年大坂で起こった大塩平八郎の乱、そして斉昭がこの『戊戌封事』を書いた年に起こった佐渡一国騒動をあげている。斉昭はこれらは結局、治者の側に原因があるといい、それは「仁政」が行われなくなっていることであるとする。こうして斉昭は、全体的に風俗が乱れている現状を憂えているのである。

江戸時代の領主が支配の正当性を保つことができたのは、領民の生活が成り立っていく(これを史料用語を使って「百姓成立《なりたち》」という)ことができる「仁政」を行うことを当然の責務と考えたからである。つまり、領主が「仁政」を行うのは当然のことと考えられており、もし領民が領主の政治は「仁政」に反すると見なせば、「仁政」の回復を求めるのも当然の権利とされた(64)。百姓一揆をはじめとした近世の民衆運動はこうした経緯で起こるものだったから、決して反体制運動ではなかった。むしろ「仁政」の回復を求めて領主への訴願が起きている限り、領民は領主の支配を正当なものと認識していたと考えてよいから、幕藩体制と呼ばれる近世の支配体制はこうした民衆の心性によって支えられていたといえる。ところが、斉昭が具体的に示した甲州騒動や三河加茂一揆は訴願が後退した運動であり、激しい打ちこわしを実力行使として展開するものであった。斉昭が憂えたのは、この時期の領主と領民との関係が、「仁政」を媒介に信頼関係で成り立ってきた従来の関係ではなくなってきたことだったのである。

このように足下が危うくなってきているところへ「外患」が加われば、さらに日本は厳しい状況に陥るというのが斉昭の見方であった。その「外患」とはもちろん欧米勢力の東アジア進出にともなう対外的危機のことである。ただし斉昭の考えでは、それは単純な軍事的な危機というのではなかった。斉昭は宗教のような内面の問題を重視した。「横文字の国はみな邪宗門」であるとしたうえで、「切支丹」がいかに邪悪な宗教かを説く。そして、もし島原天草一揆がなかったならばこの「邪宗門」がもっと日本に広まってしまっただろうから、これを契機に根絶やしにすることができたことは国家にとって幸いであったとする。これも徳川将軍家のすぐれた知恵であると高く評価しているから、こうした「邪宗門」を規制することも徳川将軍家の「仁政」に含まれると解釈して構わないだろう。

日本は「神州」であると理解する斉昭にとって、外来の宗教はすべて「異端」であり、日本の真の伝統宗教は神道のみである。したがって、斉昭は「切支丹」はもちろん仏教も排除するべき「異端」であると考えていたようである。

しかしながら、仏教にしてもそれが日本列島に伝来して以降、土着の神祇信仰と融合しながら大きく変化していったのと同時に、原始以来のアニミズム的な神祇信仰も仏教の影響を受けながら変化していったことは、いうまでもないことである。したがって、斉昭がいうような〝純粋〟な〝神道〟が日本列島に存在していたはずはないのであるが、こうした議論がのちの国家神道の成立を後押しすることになる。このような神道優位論のもとでは、「切支丹」の慈善活動が広く知られていたとしても、キリシタンへの理解は深まらなかったであろう。

内在的「悪」としての「切支丹」

怪しげなものはみな「切支丹」的なものであるとの理解は、幕末期、内在的な〝悪〟までがその範疇に入ってくることになる。先に見た菅野八郎の言葉を聞こう。八郎によれば、不思議なものとか奇妙なものとかいうのは、心のうちにそのように感じる要因があるということのようである。魔法とは決して不思議なものではなく、まず適当な方法で人を誑かして金銀をだまし取ることだという。スリや盗人は魔法を操る第一の使い手であり、金銀財宝を借りて返済しないとか、たくみに自分の手を汚さずに人を殺害し自分の恨みを晴らしたりするのも魔法であり、それは「切支丹」がもっとも得意とする奥義であるとする。したがって、民間信仰や流行神なども「切支丹」に異なるところはなく、これらはみな人を誑かす法である、と八郎は断言する。(65)

この指摘は、誰かをだましたり出し抜いたりすることが魔法の内実であることを説いている。だとすれば、魔法を行使するのは特別な人間ではなく、誰もがそれを行い得ることになるから、魔法を行使するのは自分の心に隙があるときだということになる。つまり、〝善"の中心に「孝」の心を置く八郎にとって、「切支丹」は自律性を損なう内在的な"悪"の象徴であった。八郎は「孝」の心と「切支丹」を対極的なものと考え、世俗秩序を維持するためには内在的な〝悪〟を徹底的に排除して、自律的な生活態度を保持することが必要である旨、子孫への戒めとした。こうして、通俗的排耶書を介して民衆にも知らされた、南蛮国の大王や「切支丹」の「仁徳」「慈悲」にだまされないよう注意を喚起していたのである。

〝異端〟の表象

以上、本章で見てきたことをまとめると、次のようになろう。近世人の島原天草一揆・「切支丹」の記憶は、世俗秩序を乱す象徴であった。しかしその一方で、近世人はキリシタンの教義・活動について、不十分ながらも無知ではなかった。そこには治者と既存秩序への批判の芽が内包されていた。「切支丹」イメージの貧困化の進行とともに、既存秩序（これを支えている既存の宗教活動を含む）を揺さぶったといえる。ただし、それはキリシタンへの理解が深まったことを意味しない。そのゆがんだ「切支丹」イメージは、幕末には、自律性を損なう内在的な〝悪〟の象徴としてもイメージされるようになった。

このような貧困化した「切支丹」イメージが、既存秩序に埋没して生活する現実の潜伏キリシタンとはかけ離れていることは明らかである。つとに安丸良夫氏は「切支丹」とは「異端的な言説・集団・行動」を集約した表象であると指摘した(66)。近世期を通じて、「切支丹」のイメージと現実の世俗秩序に従順な潜伏キリシタンとが大きく乖離していったことが、潜伏キリシタンの存続を可能にした条件であったといえよう。

第四章　異端的宗教活動から「切支丹」への転回

1　「切支丹」の登場

京坂「切支丹」一件の概要

ここまで見てきたように、幕藩権力による徹底したキリシタン禁制政策は、「切支丹」が邪教であるとする観念を定着させ、荒唐無稽な〝異端〟のイメージを増幅させた。キリシタン禁制発令当初から、「切支丹」には魔法・奪国観がつきまといがちであったが、寛永十四年（一六三七）に起こった島原天草一揆がそうした観念を決定的にした。そして、キリシタン禁制を徹底する目的で整備された宗門改制度により、表向きにはキリシタンが完全に消滅したこともあって、「切支丹」が邪教であるとするイメージは、やがて怪しげなものは何でも「切支丹」的なものとする観念を生んだ。こうして、「切支丹」概念の貧困化がもたらされていったのである。

その延長線上に文政十年（一八二七）、京坂「切支丹」一件が発生する。[67] この事件は、「切支丹」が〝異端〟的なものを象徴する概念として認識されるようになったことを背景に起こった事件である。本章では、近代移行期の「切支丹」概念を決定的にしたこの事件を手がかりに、異端的宗教活動の肥大化の意味を考察し、キリシタン禁制を基軸とした近世秩序の転回について考えたい。

　この事件は、文政十年正月、稲荷明神の託宣と称して占いを生業としていた、摂津《せっつ》国西成《にしなり》郡川崎村のさのという女性と家主与兵衛との間で、占いの礼金をめぐって争いとなったことを発端に起こった。このトラブルのなかで、さのに怪しい邪法を行っているとの疑いがかけられた。当時、大坂東町奉行所与力であった大塩平八郎により関係者が召し捕らえられた。

伏見稲荷大社。みつきは稲荷明神の託宣と称して吉凶判断を行っていた。京都市伏見区深草藪之内町

吟味により、稲荷明神の託宣と称して行っていた怪しげな占いの内容は、実は「切支丹」であるとされた。評定所の吟味ではこれを「切支丹」とすることに疑問がもたれたが、最終的には「切支丹」として扱われ、さの（判決前獄死）・きぬ（判決前獄死）・陰陽師《おんみょうじ》豊田みつき・伊良子《いらこ》屋桂蔵（判決前獄死）・高見屋平蔵・藤田顕蔵《けんぞう》（判決前獄死）の六人が大坂三郷町中引き廻しの上、磔に処されたほか、京・大坂で合わせて六五人が処罰されて決着した。

　この事件は「切支丹」として処理されたが、もともとそうした宗教活動を始めたのは、この事件が起きたときすでに死亡していた水野《みずの》軍記《ぐんき》という者であり、その信仰は部分的にキリシタンの信仰用語を取り入れた新興宗教であったというのが真相である。どこから入手したのかわからないが、水野軍記は禁書の『天主実義』や『畸《き》人《じん》十篇』（いずれも十七世紀の中国で布教活動を展開したマテオ＝リッチにより、儒教への接近を試みて著されたキリシタン教義書）などに接していたらしく、水野が説く教義にはキリシタンの用語が使用されていた。しかし、万物の創造神による来世の救済という教義は、ほとんど取り入れられていなかった。また、宗教活動についても神道や稲荷信仰の影響が大きく、加持祈禱・吉凶判断のような呪術による病気治しや紛失物の発見などによって、信者を増やしていったものと思われる。したがって、この信仰はむしろ現世利益への願望が強く、潜伏キリシタンの信仰が露顕したとか、キリシタン書に影響されてキリシタンの教義を説いたとかいうものではなかったといえる。ただし、後で述べるように、本人たちの意識ではこれは「切支丹」であったことに注意が必要である。

先に、この時期は、〝異端〟的なものは何でも「切支丹」的なものと見なされるという傾向が生まれていたと指摘した。この事件は結局のところ、そうした「切支丹」概念の貧困化を背景として、豊田みつきらが行っていた怪しげな信仰が幕藩制秩序から逸脱していると見なされたため、実際にはキリシタンでないにもかかわらず、「切支丹」として処罰されたというものであったといえよう。

近世後期は商品生産・商品流通の展開にともなう百姓の階層分解など、幕藩体制の矛盾がさまざまなところで噴出してきた時期にあたるが、この時期、そうした困苦からの救いを求めて、民間信仰や流行神など民衆の宗教活動が活発化してきていた。そうした活動が幕藩制秩序の枠内で行われている限りにおいては、幕藩権力によってほとんど問題にされることはなかったが、それがひとたびその枠から逸脱して秩序を乱すと見なされた場合、断固とした弾圧の対象となった。そのような幕藩制秩序を乱す〝異端〟的な象徴が「切支丹」であり、文政期に京・大坂で問題にされた新興宗教が「切支丹」と見なされて弾圧されたのもこの文脈で理解できる。

「切支丹」の内実

問題視された宗教活動は、どのような内実をもったものだったのか。先に見たように、教祖と見なされるのは水野軍記という人物であったが、その影響を受けた者が軍記のもとに、同一のグループを結成して活動していたというのではなかった。教団といえるほどの組織はなかったといってよい。とはいえ、グループ的な活動がなかったのではない。

一つは秘密結社グループというべきもので、水野軍記のほか五人の大坂町人によって地下活動的に宗教活動が行われていた。発覚時、このグループの者はすべて死去していたので、これに直接関係した者の証言はないが、吟味調書に見える関係者の証言によれば、しばしば密室で会合が開かれていた。何をやっていたかは不明とせざるを得ないが、このグループの活動は彼らだけで完結していた呪術的な地下活動であったと思われる。それは寛政七年（一七九五）ころから文政三年（一八二〇）前後まで続いていたらしい。

もう一つは加持祈禱グループで、豊田みつきとその弟子であった、きぬとさのによるものであった。文化七年（一八一〇）に、みつきは軍記から、きぬはみつきから、同十年に、さのはきぬから、それぞれ教えを受け、軍記の教えに忠実にしたがって厳しい修行を実践した。その結果、彼女たちは不思議な霊力を獲得したとされ（ただし、さのは厳しい修行を実践したものの霊力の獲得は実現できなかったようである）、その力によって、文化十年ころから周囲の人びとに加持祈禱・吉凶判断を勧誘し始めた。それは摘発された文政十年まで継続していた。このとき彼女たちは、この宗教活動を「切支丹」として宣伝したのではない。あくまで従来からある加持祈禱・吉凶判断の一つとして呪術的な宗教活動を行っていたのであり、稲荷明神の託宣というのが表向きのものであった。

このほかに、桂蔵・平蔵・顕蔵という者がこの軍記の教えに関わったとされたが、それぞれ個別に関係を持っていたにすぎず、相互の関連性はない。

このように、問題視された宗教活動の発端は水野軍記にあったと考えて間違いないが、その先の伝授の仕方や活動などは統一がとれていなかったことがわかる。教団といえるほどの組織はなく、まして教義といえるほどのものもなかった。みつきたちのグループによる活動がもとになって発覚し、その影響で桂蔵ら個別に軍記と関係を持っていた者にも吟味が及んだという経緯だったのだろう。

現世主義と秘匿的性格

ただし、教団や教義が成立する可能性がなかったとはいい切れない。そのきざしはあったと思われる。

当時の人びとがこの宗教活動に魅力を感じたのは、呪術によって現世利益がもたらされるということであった。たとえば、さのの証言には、「天帝如来之《てんていにょらいの》陀羅尼《だらに》」を唱えれば現世での繁栄がもたらされる、とある。また、病気治しには次のような儀礼が有効だという。清浄の紙で人形を拵え、そこに男性・女性の別、名前、年齢を記し、それを板に貼り付けた上で、痛所を目当てに大釘を打ち込む。そして、夜中の子《ね》の刻から丑《うし》の刻までのなかの一時《いっとき》の間（およそ午後一一時から午前三時までのうちの約二時間）、鉢に汲んでおいた清水を右の人形に注ぎかけ、一心に「天帝如来」を念じればその「如来」のおかげで病気も治るとされた。

第二グループによって行われた豊田みつきらの活動では、加持祈禱による願望成就や吉凶判断による予想的中など、宗教活動が広がる際によくある奇蹟譚《きせきたん》なども喧伝されたようである。実際、この加持祈禱に救われた者もいた。たとえば、きぬの加持祈禱により眼病が治ったという播磨屋嘉兵衛の悴市松の事例や、やはりきぬの加持祈禱により両腕の屈伸ができない病気が平癒したという豊島屋藤蔵の事例があった。こうした彼女たちの宗教活動は、救いを求めてきた者たちの願望をおおいにかなえてくれた。その恩義を感じた者たちは、彼女たちに金銭や衣類などを次々に差し出すようになったと証言している。いずれにしても、この宗教活動は現世利益を追求していたといえる。

宣教師以来の系譜を継承するキリシタン信仰は、もちろん現世利益の追求がまったくなかったのではない――実際、潜伏キリシタンの証言には、諸願成就・福徳延命の願いを込めて信仰していたというのがあるほか、なかには博奕に勝つためなどというのもあった――が、その基軸となるのは来世救済であった。それに比べると、この宗教活動にはそうした来世救済願望はほとんど感じられない。したがって、これはキリシタンというよりも、民間信仰あるいは流行神に類似したものであったといえる。

また、この宗教活動は秘匿を原則とした。みつきらによる幅広い勧誘活動にしても、表向きは稲荷明神の託宣とされ、呪術力獲得のプロセスや本尊は秘匿された。さのの証言によれば、師匠のきぬから、さのの悴政次郎を除いてその内実を誰にももらしてはいけないといわれたという。そこでさのはこの宗教活動を、世間に対して稲荷明神の奇瑞といい、疑われないようにお祓いを行ったり、法華経・観音経を混合して唱えたりしながら、心中では「天帝如来」を深く念じていたとされる。この宗教活動は他言すれば死罪にあたる「神罰」を蒙る、とも教えられた。いずれにしても、これはきわめて秘匿的性格が強い宗教活動であったといえよう。

そして、その秘匿性は厳しい修行と表裏一体のものでもあった。みつきは軍記から、一生男を頼りにせず一心に修行することを求められ、およそ一ヵ月にわたって一人で東山若王子《にゃくおうじ》の滝を浴びる修行を実行した。もちろんこの修行はこの宗教活動に強く惹かれた者ならばみなに求められ、その結果として何事にも動じない不動心を獲得してこそ初めて霊力が身につくとされたが、そうした霊力を獲得するまでには個人差も大きかった。みつきは二ヵ月で達成できたとされたのに対して、きぬとさのの二人は二、三年かかっている。みつきは軍記から、きぬはみつきから、それぞれ霊力の獲得を認められたが、さのは三年の修行ののちもきぬから認めてもらえなかった。

それに加えて男女差も大きかった。桂蔵や平蔵も軍記から修行を求められ、実行しようとした痕跡はあるが、桂蔵は病気がちを理由に、平蔵は集中力不足を理由に、両者とも結局貫徹できなかった。したがって、この霊力は誰にでも伝授可能というのではなかった。これは基本的には、個人の自律のうえに成り立つ宗教活動であったといえる。女性の信仰心の激しさが際立っているが、とりわけみつきは最終的には宗教者として、教祖というべき軍記を乗り越えたといってよい。みつきは霊力を獲得したあと、多くの人びとに頼られる存在となって繁栄していった。これに対して、軍記はみつきの師匠として最後まで敬意を払われてはいたが、みつきに金の無心をしなければならないほど落ちぶれていった。

このようなみつきと軍記の対照的な行末は、みつきと平蔵の処刑の際にも表れた。当時大坂に暮らしていた町医者が記録したとされる『浮世《うきよ》の有様』という史料は、このときの様子を次のように伝えている(68)。

仲間が多数牢死していったのと対照的に、みつきは三年も入牢していたにもかかわらず牢瘠せもなく、色白く肉づきもよかった。両眼はするどく鼻筋が通っており年は五六だということだけれども五〇にも達していないように見え、意気揚々としていた。ところどころで

「切支丹の大将の婆々とは私のことだ、よく私の面を見ておけ」などと声高に叫んでいた。そうして、みつきは刑場まで引き回されていき、馬から引き下ろされたところで役人に目礼し、大いに笑みを含んで何か言っているようだったので、刑を執行する「えた」身分の者が「些細なことをいわず念仏を申したらどうだ」といった。みつきは「切支丹に念仏というのはない、これより高天原《たかまがはら》に帰るのだ」といって、笑いながら柱に括り付けられた。

そして槍を突かれたとき、はじめは左右の手を握りしめていたが、槍を一本突かれると笑いつつその手を開き、さらに二本目の槍でまた手を握った。みつきの動きはそれだけで、彼女は少しも取り乱すことなく結局槍を一一本受けたという。「高天原に帰る」というのは、「切支丹」としては妙な感じがするが、もともとこれはキリシタンとは異質な宗教活動であったから、神祇信仰の用語が持ち出されたとしても不思議なことではないだろう。

これに対して、平蔵の場合はどうであったか。平蔵の最期の様子はみつきとは正反対である。みつきとともに引き回されてきたが、道筋もたいへん弱々しい様子で、刑場で馬から下ろされても少しも足腰が立たず、顔色は土のようになっていた。槍で突かれるやいなや顔も腹もおおいに錯乱のうえ小便をたれちらして、たいへん見苦しい様子であったという。

このような、みつきの壮絶な最期の様子に対して、平蔵の恥辱的な最期の様子に、この宗教活動におけるみつきの位置が象徴的に表れている。

以上見てきたところを総合して考えると、摘発された時期からしても、宗教活動の内容からしても、問題視されたのは軍記段階の宗教活動ではなく、みつき段階（あるいはその途上）の宗教活動であったといえる。これを十九世紀における宗教の動向のなかで考えるとすれば、どのように位置づけられるだろうか。

よく知られているように、近代移行期にあたる十九世紀は、新しい神格を創出した民衆宗教が登場した時代である。もちろん、いずれの民衆宗教の教祖も初めから新しい神格を創出したのではなく、当初は近世秩序を支えてきた既存の神仏に救いを求めていた。しかし、それだけでは十分な宗教的願望を満たすには至らなかったのであろう。彼らは既存の神仏・宗教活動との葛藤を経て、それを再編成したり乗り越えようとしたりした。その結果が、新しい神格を押し出したものと思われる。いくつか事例をあげると以下のようになる。

享和二年（一八〇二）に尾張国熱田の元武家奉公人であった喜之《きの》（一七五六～一八二六）が創唱した如来教の場合は、金比羅信仰・浄土宗・日蓮宗などの教学がその前提となっている。天保九年（一八三八）に大和《やまと》国山辺《やまべ》郡庄屋敷《しょうやしき》村の中山みき（一七九八～一八八七）が創唱した天理教の場合は、浄土宗や修験道の活動がその前提にあった。安政六年（一八五九）に備中《びっちゅう》国浅口《あさくち》郡の赤沢文治（金光大神、一八一四～八三）が立教した金光教の場合は、陰陽道における厄神の金神《こんじん》信仰を前提とし、これを守り神の天地《てんち》金之神《かねのかみ》とした。明治三年（一八七〇）に神憑《かみがか》りを経験した丸山講（富士講の一つ）先達の伊藤六郎兵衛（一八二九～九四）が始めた丸山教は、富士信仰（仙元《せんげん》大菩薩）がその前提となっている。そして、明治二十五年（一八九二）に丹波《たんば》国綾部《あやべ》の出口なお（一八三六〜一九一八）が創唱した大本教の場合は、金光教を前提に艮《うしとら》の金神《こんじん》の信仰を重視した。

このうち、天理教を開いた中山みきが神憑りする前の宗教活動について見れば、次のようであった。みきは子どものころから浄土宗の宗教活動に関わっていたといい、仏教歌謡の一つで、仏の徳や高僧の行跡を七五調の節で称える和讃を暗誦するなどしていたようである。一三歳で結婚してまもないころ、みきは浄土宗寺院で五重相伝と呼ばれる同宗の根本教義を伝授される七日間の泊まりがけ行事に参加しており、来世救済をもたらす阿弥陀仏を篤く信仰していた[69]。

どの民衆宗教も弾圧を受けているが、そうした厳しい状況によく耐え、粘り強く宗教活動を継承していったものが教団化を実現した。このように、既存の神仏との葛藤という経験を経て新しい神格を生み出したのが民衆宗教だとすれば、その水面下には教団化に至らなかった、さらに多数の宗教活動の葛藤があったと考えても不思議ではない。そのなかにはまったくかたちにならなかった宗教活動もあっただろうし、教団化途上の宗教活動もあっただろう。

京坂「切支丹」一件の場合、軍記中心の段階では民間信仰に類似する段階にとどまっていたのが、みつき中心の段階では軍記が始めた新たな宗教活動に独自の解釈を加えて編成替えし、教団を形成し始めようとしていた。その途上で、その宗教活動は摘発され、根絶やしにされたということなのだろう。つまり、それは稲荷明神や修験道・陰陽道との葛藤を経てかたちになりつつあったけれども、その半ばで徹底した取り締まりを受けたため結局は教団化を達成できなかった、未完の創唱宗教であったといえるのではないか。徹底的にやられたのは、それが「切支丹」として摘発されたからであるのはいうまでもない。

2　「切支丹」たちの人生

複数の属性を意識する意味

京坂「切支丹」一件で摘発された「切支丹」たちは、どのような経緯でこの宗教活動に関わりを持ったのだろうか。この宗教活動は宣教師以来の系譜を引く潜伏キリシタンとは異質のものである。この事件はもともと筆者のいう異端的宗教活動だったものが、「切支丹」として処理されたケースに当たる。したがって、この一件で「切支丹」として処罰された者たちは、当然のことながら生まれたときから「切支丹」だったのではない。実際、彼らの人生は波乱に富んだもので、「切支丹」にたどり着くまで、さまざまな属性を経験している。

ところで、宗教活動に限らず私たちは過去の人びとを見るとき、歴史上その人が登場する一時点をもって、あたかもそれがその人のすべての属性であるかのように考えがちである。しかし、近世人ならばみな、百姓や武士といった身分のほか、農民・漁民・商人・職人・役人などの生業・職業、子ども・青年・大人・老人、男性・女性、村居住者・町居住者、など、さまざまな属性を持っていたのが実際のところで、そのなかには長く持続するものもあれば、一時《いっとき》・一瞬で終わるものもあった。いずれにせよ、人は一生のなかでさまざまな属性を経験する一方で、ある時点においてもただ一つの属性しか持っていないというのではなく、複数の属性を同時に持っているのが普通である。

だとすれば、過去の人びとの営みの意味を考えようとするとき、その人が登場する一時点の属性ですべてを評価するというのでは、事実を見誤る危険性がある。典型的なのは、たとえば潜伏キリシタンがキリシタンとしての属性だけで日常生活を送っていたと見る見方である。この点の問題点について詳しくは、第五章「信仰共同体と生活共同体」と第六章「重層する属性と秩序意識」において検討するが、そうした誤りを避けるためには、人びとがその一生のなかで複数の属性を経験するということと、ある時点で複数の属性を同時に保有しているということを意識して、過去の人びとの営みを見ることが求められる。

そのことを念頭に、第五章・第六章で提起する属性論への導入を兼ねて、以下、京坂「切支丹」一件の「切支丹」たちの経歴を確認してみたい。彼らの人生をたどる記述は多少退屈かもしれないが、その場合は読み飛ばしていただいて構わない。ここでは、さまざまな属性を経験した彼らの人生をたどることによって、一時点の一つの属性だけで過去の人びとを見る見方を相対化したい。

豊田みつきの場合

発覚時のリーダーとされた豊田みつきは、安永三年（一七七四）に越中《えっちゅう》国荒間《あらま》村百姓与兵《よへ》衛《え》・さんの子として生まれた。翌年、両親・兄とともに山城《やましろ》国才院《さいいん》（西院か）村に引っ越し、しばらくそこで暮らした。天明五年（一七八五）、数え年一二歳（以下年齢の数え方は同じ）で方々に下女奉公に出る。兄主計《かずえ》は、京都内野二番町にて渡邊主計と名乗り、易占《えきうらな》いにて渡世した。このとき両親は主計方にて暮らしていたが、まもなく父与兵衛の病死後、母さんは剃髪し恵周《けいしゅう》と名乗った。寛政九年（一七九七）、二四歳のとき、京都二条新地の茶屋渡世明石屋いわに身を寄せ、尾上《おのえ》という名前で遊女となった。まもなく、京都に遊びに来ていた、近江《おうみ》国の八幡神主斎藤出羽の悴伊織《いおり》と結婚。夫婦で兄の主計方に身を寄せた。夫の伊織は稲荷明神下《さげ》・易占いを生業とし、土御門《つちみかど》家家来である竹内筑後の配下の陰陽師《おんみょうじ》となった。その後、下河原弁天町の借屋に移り、伊織に習って、みつきも稲荷明神下・易占いの術を取得した。こうして、下女奉公や遊女を経験しながらも身請けのうえ結婚し、平穏な生活を獲得できたように思えた。

　しかし、文化七年（一八一〇）、みつき三七歳のとき、夫の伊織が安芸《あき》国広嶋出身の桂《かつら》と密通のうえ、家財道具・貯金をそのままに捨て置き、離別状を書き残して出奔したことから、穏やかな生活は崩れることになる。みつきは、夫伊織の行動を不人情に思い、相手の桂を突き殺そうとまで思い詰めた。そうしたところ、かねてより懇意にしていた京屋わさになだめられ、同人方に身を寄せることになる。ちょうどそのころ、わさ方に出入りしていた水野軍記と出会った。この軍記こそこの宗教活動の教祖というべき人物で、みつきの師匠にあたる者であることは先に指摘した。

京都市八坂付近。みつきは「八坂之見通し」と呼ばれた

軍記の素性については不明な点が多く、島原藩領であった豊前《ぶぜん》国長洲《ながす》村生まれというが、はっきりしない。寛政七年（一七九五）から文化一四年（一八一七）まで京都で閑院宮《かんいんのみや》家に奉公していたが、不都合の点があり欠落《かけおち》のうえ文政元年（一八一八）に暇を出された。この間、京屋わさなど数名の同志と閑室にて密談を重ねていた。秘匿性の強い宗教儀礼を行っていたものと思われる。

その軍記に、わさの紹介でみつきは出会い、軍記の不思議な力に魅せられた。みつきは軍記の宗教活動に、自己の不幸な境遇を打開する一筋の光を見いだしたのではなかろうか。みつきは軍記に勧められるがままに厳しい修行を行ったうえ、「天帝如来」の法を伝授された。また、わさの檀那寺である日蓮宗二条新地大乗院に檀那寺を頼んだうえ、土御門家陰陽師配下になるべく、元夫の伊織が以前配下となっていた同家家来竹内筑後に頼み、同人配下の陰陽師となった。この間、八《や》坂上町《さかかみちょう》に移住し、表向き稲荷明神の託宣と称して加持祈禱・吉凶判断を生業としたみつきは、のちに「八坂之見通し」と呼ばれるほど人気の祈禱師となった。

一方、軍記は、閑院宮家から暇を出された前後の時期、繁盛していたみつきにたびたび無心するほど落ちぶれていった。その後、軍記は長崎に遊学に出るなどもう一旗あげるつもりでいたようであるがその目論見は実らず、文政七年（一八二四）に死去した。

文化十三年ころ、元夫の伊織が桂に見放されて帰京し、みつきに復縁を求めたが、みつきはこれを拒否した。みつきは、夫に頼らなくても一人で生きていけるとの確信を持っていたのであろう。みつきの加持祈禱・吉凶判断は評判がよく、たいへん繁盛していたようであるが、そのさなか、文政十年（一八二七）、弟子のきぬの白状により入牢し、厳しい吟味のうえ「切支丹」と認定され、翌々年に処刑された。

きぬとさのの場合

次にみつきの弟子のきぬについて見てみよう。きぬは明和六年（一七六九）に摂津国伊丹新町稲寺屋太兵衛・同人女房つねの子として生まれた。天明四年（一七八四）、京都に上京のうえ、下女奉公しながら渡世し、その後、七条塗師《ぬし》屋町《やちょう》京屋喜兵衛と結婚した。のちに弟子になるさのと知り合ったのは、享和三年（一八〇三）ころである。ちょうどこの時期、文化元年（一八〇四）五月十四日に夫の喜兵衛が病死し、その後もともと奇妙なことを行いたいとの存念があり、神職方へ入門した。稲荷明神下の稽古をしたが、さほど奇妙のこともできなかったので、まもなく弁天町にて同じく明神下をしていた豊田みつきの弟子になった。

みつきの弟子になったものの、当初は不思議なことを実感できず、所詮「奇異成事《きいなること》」はできないものとあきらめかけていたところ、みつきの夫伊織が密通し、夫に見捨てられたことに憤慨したみつきは八坂上町へ新たに家宅を構え、水浴等の修行をして明神下をやるうちに次々と吉凶判断が当たるようになった。何か秘密があると考えたきぬは、みつきに教えを乞うたところ、みつきは登山《とうせん》浴水の修行をして不動心を身につけたあとにその秘密を伝えようというので、以後二年の間きぬもみつきと同様の修行をした。

文化十年春、修行の結果、不動心を身につけたことをみつきに認められ、三月二十七（または二十八）日夜、京屋わさ方にて水野軍記所持の「天帝之画像」を拝ませてもらい、血を濺懸《そそぎか》けたうえ、加持祈禱・吉凶判断の法を伝授された。このころ、菊江《きくえ》と改名。さのに、生活のための再婚を勧めたが、拒絶されたことから、豊田みつきの「不思議之術」を紹介したところ、さのが弟子入りを希望した。そこで、菊江（きぬ）はさのの弟子入りを承諾したうえ、さのとの間で姉妹の約束を結び、登山浴水の修行を教えた。さらに、京都塗師屋町の居宅を引き払って、さのと同居のうえ、稲荷明神下と唱えて、病気の加持祈禱を行うことを生業とした。文化十三年、さのがみつきの容姿を見たいと希望したので、みつきを密かに窺わせた。

その後、京都で「不思議之術」を行うのではみつきに差し支えると考え、同年十一月に菊江（きぬ）はさのと申し合わせて居宅を引き払い、大坂天満《てんま》農人町播磨屋文治郎方に身を寄せたうえで、同天満龍田町播磨屋次郎兵衛借屋に移った。翌十四年十月、菊江（きぬ）は次郎兵衛借屋住居を播磨屋藤蔵の名前で届け出、きぬの旧名に改めた上で、藤蔵祖母として人別を差し出した。

さのはこのとき、堂嶋《どうじま》永来町塩屋平兵衛借屋を借り受け、以後毎日、悴政次郎をきぬ方へ通わせ、吉凶判断などの仲介をするようになった。こうした活動を継続したうえで、文政二年（一八一九）十月二日、きぬはさのの修行を認め、「不思儀之術」は「切支丹」であることを明かした。文政十年、さのの白状により四月二十七日に入牢し、吟味途中で牢死した。

事件発覚の発端をつくったさのの人生は、以下のようであった。さのは安永元年（一七七二）、磯川権蔵《いそかわごんぞう》・きのの子として生まれた。父親の権蔵は宮方の家来をしていたというが、具体的にははっきりしない。母方の祖父母は美濃国の今雄《いまお》（今尾）村で百姓をしていた与兵衛・しうで、年月の詳細は不明だが京都今出川本福寺《いまでがわほんふくじ》門前にて借宅していたらしい。そのころ、祖父は伊勢屋与兵衛と名乗り、日雇稼で渡世していた。

さのが生まれてまもなく、父権蔵が病死したため、母きのはさのを連れて与兵衛方へ戻ったが、まもなく他へ再縁した。以後、さのは祖父母のもとで育てられた。安永七年に母きのが再縁先にて病死し、天明七年（一七八七）に祖父母与兵衛・しうも病死したので、さのは一六歳で下女奉公しながら渡世しなければならなくなった。寛政五年（一七九三）、古道具屋渡世の美濃屋平兵衛と結婚。享和三年（一八〇三）に平兵衛との間に新助（幼名政次郎）が生まれた。きぬと知り合ったのはこのころである。

文化四年（一八〇七）十一月十日に夫平兵衛が病死し、同十年、京都馬町《うままち》竹屋伊兵衛裏借屋に移った。このころ、博奕のかるた札細工にて渡世していた。先に見たように、このころきぬより、生活のために再婚を勧められたが、これを拒絶し、次いできぬから豊田みつきの

「不思議之術」を紹介され、弟子入りすることを希望した。そこで、きぬとさのの二人は姉妹の約束を結び、以後、三年一夜も欠かさず登山浴水の修行を行った。その後、さのがきぬと同居して活動をともにしたのも、先に見たとおりである。大坂に移って二人の同居を解消したのち、さのは悴新助を仲屋政次郎と名乗らせたうえ、毎日きぬ方へ通わせて吉凶判断などの仲介をした。きぬの判断的中によりさのの信仰心はいよいよ増していったとされる。

文政二年（一八一九）三月、さのは旧知の長町八丁目加賀屋文次郎の仲介で、堂嶋新地裏町鍵屋平助借屋へ移った。十一月二日、六年間の修行を認められ、きぬから「不思議之術」は「切支丹」であることを明かされた。翌三年九月ころ、信仰心の高揚から「天帝如来」を一目拝みたいと願い、踏絵を見るため長崎へ向けて出発した。十一月ごろ、長崎に到着し、翌四年一月七日ごろ、念願の踏絵を拝むことがかなったと同時に、踏絵を踏んだ。大坂に帰ったのは四月である。

帰坂後、九月十三日に政次郎とともに駿河町近江屋長右衛門に引き取られたが、すぐさま欠落し、文政五年八月二十五日、旧知の摂州西成郡下三番《しもさんばん》田村百姓安右衛門の仲介で摂州西成郡川崎村憲法屋与兵衛借屋に引っ越し、政次郎を新助と改名させたうえ、京屋新助と名乗らせた。以後、京都貴人の隠居と偽り、悴新助・憲法屋与七女房八重（さのの近所）・伊勢屋勘蔵・同人女房とき（堂嶋新地裏町居住の節、懇意）とともに、家主憲法屋与兵衛をはじめ、方々に加持祈禱を勧め、代金として金品・衣類などを徴収した。文政十年一月、家主憲法屋与兵衛から金品を徴収したものの、怪しい活動ではないかと疑われた。伊勢屋勘蔵宅で揉み合いになったところで捕らえられ、同月二十二日に入牢となった。このときのさいのトラブルが、この宗教活動が摘発されるきっかけとなったのは、前に指摘したとおりである。

桂蔵と平蔵の場合

次に、軍記が始めた宗教活動に個別に関心を寄せた桂蔵と平蔵について見てみよう。

桂蔵は明和四年（一七六七）、宮方の家臣の家の生まれという。両親・生国ともに不詳である。安永三年（一七七四）かその翌年、両親と離別し、同七年かその翌年、寺院社家などに奉公したうえ、寛政三年（一七九一）、京都上御霊前《かみごりようまえ》之町にて藤井右門という名前で易占いを生業とした。その後、大坂に移り、歓喜天《かんぎてん》を修治したという坊主落ちの者からその伝法を授かったが、効力が表れないので疎遠になり、やがて帰京した。享和元年（一八〇一）に京都三本木《さんぼんぎ》料理屋にて水野軍記と出会ったが、しばらくは接触せず、歌舞伎役者と交わるなど放蕩していた。文化二年（一八〇五）に水野軍記を尋ねていったところ、歓喜天を修治すれば利益があがる旨教えられ、修行の指導を請うた。本気である旨のしるしとして金四、五両必要だというので、軍記の言う歓喜天が邪道であると思いつつも、金三両を工面し軍記に持参した。軍記から「天帝如来」の画像を見せられ、他言無用のうえ、厳しい修行を勧められたが、下痢の持病のため浴水の修行を断念した。

その後、医術を身につけたいと思い、医術の知識を持つ河内《かわち》国平岡明神の神主水走《みずはい》飛騨にしばらく厄介になった。飛騨の使いで飛騨と懇意の藤田顕蔵《けんぞう》のところへ医書を借りに行った際、顕蔵が「耶蘇宗之書籍」も所持していたことを知った。文化三年、飛騨の世話により、河内国門真《かどま》二番《にばん》村百姓与兵衛後家ふきの後夫に入ることになった。岩井温石と名乗り、医者を生業とした。文化六年、村方で医者をするのをやめ、夫婦とも大坂京町堀四丁目和泉屋伝兵衛借屋へ引越し、白子《しろこ》裏《うら》町一向宗浄光寺に檀那寺を依頼。医者を生業とし、妻には医用と取り繕い、たびたび上京して軍記に面会した。文化十年、摂州西成郡曾根崎村江戸屋吉兵衛借屋に移り、同十二年三月、京都祇園《ぎおん》弐軒茶屋にて、軍記の頼みにより軍記の師匠として取り繕い、豊田みつきの饗応を受けた。これらを経て、文政十年（一八二七）六月十八日に入牢した。

平蔵の場合は以下の通りである。天明二年（一七八二）に播磨《はりま》国薬栗《くすくり》村医師高見玄柳・さいの子として生まれた。幼名栄次郎。寛政五年（一七九三）、一二歳のとき出家し、薬栗村曹洞宗長慶寺全鳳《ぜんぽう》の弟子となって、鳳瑞《ほうずい》と名乗った。寛政十年（か翌年）、国々へ雲水に出る経験を経て、享和三年八月、師匠全鳳から法戒を受けて長老格に進んだが、文化七年、二九歳のとき還俗して高見屋平蔵と名乗った。摂津国兵庫津で借屋を借り受け、易占いを生業とした。その後、播磨国佐谷《さたに》村百姓小兵衛の娘むつと結婚。文化十年、大坂天満西寺町寒山寺に檀那寺を頼み、坂田町八幡屋伊兵衛借屋へ移った。ところどころ辻占いに出たが、将来軍書講釈をするつもりで時間を見つけては和漢軍書を読んだ。

文政元年（一八一八）、大坂尾張坂町樫木屋音松借屋へ移り、易・手跡指南を生業とした。そうしていたところ、同年七月、松屋次兵衛の仲介で、水野軍記を平蔵宅に招き、種々議論した。その後、「天帝」画像を拝ませてもらったが、軍記から勧められた浴水の修行を貫徹できなかった。

　文政三年、松山町河内屋伊右衛門借屋に移り、同年四月軍記の長崎遊歴にあたって、軍記の妻子（そへ・蒔次郎）を預かることになった。翌年春、上京してきたそへ・蒔次郎は、平蔵の仲介で法貴《ほうき》政助方に身を寄せることになった。文政五年夏、長崎より帰ってきた軍記は、平蔵宅・次兵衛宅に逗留した。そしてその五年後、文政十年閏六月二十一日に入牢となった。

「切支丹」のさまざまな属性

以上のように、この事件で「切支丹」とされた人びとは、さまざまな経験や属性を経て事件に遭遇したことがわかる。下女奉公、神職方の弟子、祈禱師、借家人、かるた札細工の職人、祈禱の仲介者、寺院社家の奉公、易占い、医者、禅僧、易指南、手跡指南、など実に多様な生業・属性を、彼らの人生から拾い出すことができる。

　このような多様な生業・属性そのものは、近世に生きた人びとにとって特殊なものではなかったが、彼らが最後にたどり着いた宗教活動は、この時期の幕藩権力や既存の世俗秩序を維持しようとする勢力にとって警戒されるべきものであった。ただし、この宗教活動は十八世紀段階であったならば警戒の対象にはなったかもしれないが、あくまで「切支丹」ではない「切支丹」的なものとしてとどまり、処刑までには至らなかったであろう。彼らが「切支丹」として処罰されたのは、十九世紀に入った段階ではもはや、キリシタン禁制がキリシタンとは別のものを処罰する政策になったということを意味している。

3 京坂「切支丹」一件の位置

「切支丹」の判定

そもそもこの事件で問題視された宗教活動が「切支丹」と判断されたのは、何が決め手であったのだろうか。吟味の過程における被疑者の証言に表れたこの宗教活動と、当時人びとを取り巻いていた民間信仰や多様な宗教活動とを比べてみても、決定的な差異を見つけることはできない。なぜこれがこの時期に「切支丹」とされたのか。

この問題を理解するには、十八世紀中後期以降、しだいに〝異端〟的な宗教活動と「切支丹」の判別が困難になっていったということを念頭に置く必要がある。たとえば前章で見たように、十九世紀初期に成立したと思われる『蛮宗制禁録』という通俗的排耶書は、「隠し秘する物何事ニ寄らす能事《よきこと》はなきものなり」、「隠して授教する法あらハ御用心有へし」と指摘している。

つまりここでは、隠れて活動するものは怪しいものとして扱われていることがわかる。その際、事例としてあげられているのは既存宗派の〝異端〟である。たとえば、日蓮宗の〝異端〟とされる三鳥派や浄土真宗のそれとされる土蔵門徒が事例として紹介され、それらは

「切支丹の余類」として位置づけられている。このように、秘匿的な信仰形態をとる宗教活動を「切支丹」と類似のものと見なしていることから、既存宗派の本山から見て異質なセクトや民間信仰的な活動などの異端的宗教活動と、怪しげなものの象徴としてイメージが貧困化した「切支丹」との境界が曖昧になってきている様子を窺うことができよう。

　こうした状況が背景となってこの事件が起きたといえるが、注意しなければならないのは、だからといって被疑者たちは吟味により無理矢理「切支丹」とされたのではないということである。吟味の経緯を検証してみると、「切支丹」断定の決め手は本人の認識如何であったと思われる。

　たとえば、さのは、この法は天下厳禁の「切支丹天帝如来」を念じるものである、とはっきり述べている。もちろん、この証言だけでは、強制された証言を吟味書に記したものではないかという疑いも払拭できない。しかし、次のようなさのの行動が、右の証言が無理矢理強いられたものとはいえないことを証明している。

踏絵。東京国立博物館蔵

　さのの証言によれば、信仰心の高揚から「天帝」を一目拝みたいと強く願い、踏絵にその「天帝」が描かれているから、それを拝むために長崎に行くことを思い立ったという。さのはきぬから、本来「天帝」は影形《かげかたち》がないものと聞かされていたが、長崎には「天帝」とその母「サンタマリヤ」の踏絵があって、長崎の住民はもちろん、滞在中の旅人も含めて毎年これを踏む行事があり、長崎に長期逗留すればこの姿を拝むことができるのではないか、と考えたようである。ただし、踏絵を踏まなければそれを拝むことができないということになる。

　この矛盾をどう解決したかといえば、信心の念から踏めばかえって「天帝」にはそれほどの信心を持っているのかと感心され、罰は蒙らないと考えた、とさのは証言している。一人では長崎に入りこむことは難しいので、知人を通じて興行のため長崎に向かう人形遣いの一行に入れてもらえることになり、文政三年（一八二〇）十一月ごろ、長崎へ行くことができた。そして翌年正月七日ごろ、所の役人が踏絵を持って宿屋にやってきて、宿屋の家内はもちろんそのとき宿泊していた客までもそれを踏むよう促された。その踏絵をじっと見つめていることはできなかったが、ついにそこに描かれた「天帝」を拝むことができ、心のうちで詫びつつそれを踏んだという。

　ここで考えなければならないのは、厳禁されている「切支丹」への同調の意味である。先に見てきたとおり、十八世紀以降怪しげなものは何でも「切支丹」的なものとして捉えられ、十九世紀に入るころはますますそうした「切支丹」イメージの貧困化が進んでいた。近世人にとって、「切支丹」は当時もっとも嫌われる存在であったといえる。にもかかわらず、さのは「切支丹」とされた宗教活動にシンパシーを感じ、わざわざ操り人形の一行に混ぜてもらってまで踏絵を拝みに長崎に赴いた。このさのの行動にはどのような意味があるのか。

既存秩序を脅かす対象の象徴である「切支丹」に同調していたとすれば、裏を返せばさ、の、にとって、既存秩序こそひっくり返さなければならないものであったということになるだろう。つまり、「切支丹」への同調という行動には、このままでは自身の幸せは望めないとする既存秩序への信頼感の喪失を読み取るべきではないだろうか。別のいい方をすれば、既存秩序から逸脱することによってこそ救済される、というのがこの事件で「切支丹」とされた人びとの認識であったということである。

既存秩序からの逸脱こそ望ましいとする思想は、近世秩序を維持しようとする側からすればたいへん困ったものとなる。「切支丹」を捕らえてみたものの、「切支丹」であるがゆえに踏絵を拝むためとはいえそれを踏んだとすれば、「切支丹」を取り締まる手段がかえって信仰心の高揚を促すものとなってしまう。こうして、右のさ、の、の証言は、幕府をおおいに悩ませることになった。

大坂町奉行の判断では、これを「切支丹」として処分するべきであると幕府に伺いを立てていたが、これを受けて幕府では、評定所と老中の間で議論しながら慎重に対応を協議した。評定所から老中へ渡された意見書には次のようにある。

真に「切支丹」であったならば踏絵を踏むということはなく、逆に「切支丹」でなかったならば踏絵は訳なく踏むはずである。踏絵を踏むということが信心の念をさらに高揚させたということであったとすれば、それは「切支丹」とはいえないのではないか。したがって、吟味をもう一度やり直したほうがよいというのである。幕府にとってこの考えは当然の感覚であった。「切支丹」であるがゆえに、尊崇の対象を拝むためとはいえ踏絵を積極的に踏むというのを認めたのでは、踏絵という「切支丹」探索手段がまったく意味のないものになるばかりでなく、かえって「切支丹」を助長してしまうことになってしまうからである。幕府の判断としては、これを「切支丹」とは認めたくないというのが本音であっただろう。

しかし、これに対する老中の返答は、いまさらこれを「切支丹」ではないとしてしまえば、かえって世間に疑念をまき散らして、キリシタン禁制の緩みにもなってしまう可能性がある、というものであった。さのが長崎に行って踏絵を踏んだというのは本人だけが証言していることであり、ほかに証拠もないので、必ずしも踏んだとは断定できない。したがって、これを取り上げる必要もないので、さのの踏絵の証言については吟味書から削除したうえで、大坂町奉行の判断にしたがい「切支丹」として処分して差し支えない、とした。こうして幕府は、この老中の返答通りに、正式な吟味書からこのさのの証言を取り除き、「切支丹」であるゆえに踏絵を踏んだという矛盾を覆い隠した。

「切支丹」イメージの決定版

京坂「切支丹」一件は文政十年（一八二七）一～七月に関係者が逮捕され、同年十月までに大坂町奉行高井実徳《さねのり》から幕府へ仕置伺《しおきうかがい》が提出された。幕府評定所から最終的な判断が下ったのは、文政十二年のことである。これは近世後期、「切支丹」が露顕した最初の事件となる。前に見たとおり、潜伏キリシタンが存在するのではないかとして起こった事件では、最幕末（慶応期）の浦上四番崩れを除いて、「切支丹」は存在しないという結論であったから、文政期に発生したこの京坂「切支丹」一件こそが、以後の「切支丹」イメージを決定的にしたといえる。

実際、平戸藩主で当時は隠居していた松浦《まつら》静山《せいざん》が、同時代に流通していたさまざまな情報を書き留めた『甲子《かっし》夜話《やわ》』にこの事件についての言及があり、その記述から当時の人びとが「切支丹」をどのように理解していたかの一端を窺うことができる。同書続篇の巻七では、この事件が発覚した文政十年十月に聞いたこととして、次の記事がある。

ある人と会ったときの話として、大坂に「邪蘇《(ママ)》〔やそ〕の法」を行っていた者がいて、ついに捕縛されたという。その者たちは「邪蘇《(ママ)》の法」をどのようにして知ったのかと問うと、ある人の女子が病床にあって医薬や祈禱の効果もなくほとんど死にかけていたところ、町家に呪法をよくする者がおり、この者によってその子の病気が癒えたという。それが「邪蘇《(ママ)》」を密かに継承する者で、だんだん病人を抱える家にそれを崇める者が広がっていったとされる。

それに加えて、それを密かに継承したとはどういうことかと問えば、その起源は大坂落城（一六一〇年代の大坂の陣のことか）の際に落ちた者が町家に隠れて伝承したものだという。どのような人が関わっているのかと問えば、人数は二、三十人を越え、このなかで三、四人の男を除けば、残りは女だという。そして、大禁を犯せば厳刑は免れないだろうと静山がいうと、もちろん磔になると返されたが、静山は磔になるのはこの法にしたがう者がもとより願っていることであるといい、話し相手もそれに同意している。

被疑者を吟味した際、奉行が「早々に改宗しろ、国禁を犯した罪は畏れ多いことだ」と叱ったら、被疑者の女子は「もとより死をもって神に仕えているのであるから、どうして非法の刑罪を根拠にこの法（「邪蘇《ママ》の法」）を改めようか」と応え、国禁を犯して畏れ多いという反省はまったく見えなかったという。

また、奉ずる神はどのようなものかとの問いには、それは特別に異様なものではなく、「於福《オカメ》」の仮面に何か衣類を着せたものと老体の人形であるといい、その人形を破って中身を探ったがそこには怪しいものはなかったとされる(70)。

いかにも怪しげな話として語られているが、静山によれば、この話の出所は大坂町奉行であるから、まったく虚妄のこととはいえないとされている。京坂「切支丹」一件の吟味の際、「天帝如来」の画像が存在したことなどがわかっているので、右の神体についての話はこれと類似のこととしてよいかもしれない。しかし、被疑者の女子が「死をもって神に仕えている」云々の話は、京坂「切支丹」一件の吟味書には見当たらない。もちろんこれは巷に流れた話であり正確でないのは当然であるが、注目したいのは磔になるのはこの法にしたがう者が願っていることであるとされていることである。京坂一件の事件以前から「切支丹」は怪しげな活動のイメージが定着していたものと思われるが、京坂一件はそうしたイメージに現実味を与えた。それまではイメージ先行であったのが、現実にいかにも怪しげな祈禱を行っている宗教者が具体的な「切支丹」として姿を現したといえる。以後の「切支丹」イメージはこの京坂一件のイメージで語られるようになり、日本の近代化にも大きな影を落とすことになる。

少しあとの話になるが、明治維新後の文明開化が推進されていくころ、世俗秩序を維持しようとする側にとって怪しげな異端的宗教活動は、京坂「切支丹」一件の豊田みつきに結びつけて認識されたという事例がある。天理教はこのころますます警戒の対象とされていたが、教祖中山みきは実はみつきの娘であったという言説が登場した。明治二十九年（一八九六）五月十二日付の『中央新聞』では、みきはみつきの娘で「切支丹」の教えを受け継いだとされ、同新聞は以後それを根拠に天理教に対する激しい排撃キャンペーンを展開した。『中央新聞』は、政府の立場に近い代議士として明治・大正期に活動した大岡育造が社長を務めた新聞で、のちに立憲政友会の機関誌となった。同じ時期、急成長をとげた蓮門教《れんもんきょう》の教祖島村みつも、明治二十七年三月二十八日付の『万朝報《よろずちょうほう》』においてみつきと比較され、みつきより怪しいとして激しい攻撃を受けている。いずれにしても、近代化の過程のなかで、民間信仰のような民衆生活に密着した素朴な宗教活動から、教団組織を固めていく民衆宗教まで、近代化・文明化を積極的に推し進めようとする側にとって怪しげな異端的宗教活動は、みな規制の対象として厳しい取り締まりを受けていった。

十九世紀に入って、キリシタン禁制政策はキリシタンを取り締まる宗教政策ではなくなった。むしろ、世俗秩序から逸脱する対象を取り締まる手段へ転換したということである。もちろんそれは十八世紀後期からその傾向が生まれ始めていたが、文政期の京坂「切支丹」一件がその決定的契機となった。近世後期、特に十八世紀末の寛政期以降、風俗統制・宗教者統制が強化されていくと一般的にいわれているが、その根底にはこのようなキリシタン禁制の内実の変化があったのである。

第五章　信仰共同体と生活共同体

1　潜伏キリシタンの信仰共同体

潜伏が可能であったキリシタンの内在的条件

厳しい禁教のもとで、キリシタンが何代にもわたって潜伏状態を維持できたのはなぜなのか。ここまではおもに潜伏キリシタンそのものというよりも、近世の国家と社会の変容とともにいかにキリシタン禁制の内実が変化していったか、という道筋をたどってきた。いわばキリシタンを取り巻く外在的な条件を検討してきた、ということになる。そこで次に考えたいのが、キリシタン自身のあり方である。言葉を換えていえば、潜伏キリシタンの内在的な条件から、なぜ長期にわたって潜伏が可能であったのかを考えてみたい。

その場合、最初に思い浮かぶのが、混淆《こんこう》宗教を意味するシンクレティズムである。確かに潜伏キリシタンがシンクレティズムの典型例であると考えるのは、自然なことかもしれない。実際、宣教師時代のスタイルではすぐに摘発されたであろうから、彼らの活動を維持するためには地下に潜っただけでなく、さまざまなかたちでカムフラージュせざるを得なかったとされる。

たとえば、子安観音をマリアになぞらえて信仰していたことや、納戸神としてキリシタンの神を祀っていたこと、仏壇や神棚も同じように拝んでいたことなどからすれば、彼らの宗教活動は伝統的な神仏信仰と宣教師時代に伝えられたキリシタンとが混じり合って形成された民俗宗教であるというのも首肯できる。しかし、シンクレティズムのみをもって、彼らが潜伏を維持できた内在的な条件を説明したことになるかといえば、筆者は懐疑的である。

潜伏キリシタンの信仰の習俗化を重視し、シンクレティズムを強調する議論の延長線上には、彼らはキリシタンとしての自覚さえなかったのではないかという見解さえ存在する。彼らの宗教活動が世俗秩序へ埋没することによって、キリシタンとしてのアイデンティティーが忘れ去られたというのである。しかし、この見方は成り立たないと筆者は考える。理由は二つある。一つは、信徒自ら信仰を表明した浦上四番崩れを除き、信徒たちは三番崩れまであくまで白を切り通し続けていたこと、もう一つは、四番崩れの際、殉教覚悟で信仰表明したのはなぜなのかを十分に説明できないことである。神仏信仰や民俗宗教との混淆というシンクレティズムは否定できないとしても、厳禁されているキリシタンとしての自覚までも消滅していたとすれば、浦上三番崩れまでの信仰隠匿と四番崩れの信仰表明をどのように説明したらよいのか。潜伏キリシタンがキリシタンとしての自覚さえなかったという見解は、キリシタン禁制という宗教政策の厳しさを軽視していると思う。

前章まで検討してきた通り、キリシタン禁制がたいへん厳しいものであったがゆえに、十八世紀以降「切支丹」イメージの貧困化が進行したのであり、徹底した宗門改制度のもとで

「切支丹」と判断されれば極刑は免れなかった。実際、文政期に京・大坂で「切支丹」と判断された異端的宗教活動が処刑されたのは先に見た通りである。したがって、先祖伝来の宗教活動を密かに継承していったという行為には、表向きの世俗秩序において違法なことをやっているという認識が彼らにまったくなかったとは考えにくい。潜伏キリシタンが存在した地域がそれぞれで完結していたのではなく、特に婚姻関係において相互に交流があったという指摘[71]も、その宗教活動を実践していた人びとが意識的に潜伏状態を継続していたことを裏付ける。潜伏キリシタンは、先祖伝来の民間信仰を単純に継承したにすぎないのではない。

では、潜伏を可能にしたキリシタンの内在的な条件とは何であろうか。もちろん、彼らの強靱な信仰心にそれを求めることはあり得るとしても、それだけでは無理がある。そこで想定されるのが彼らを取り巻く組織である。彼らが集団的に宗教活動を行う基盤として、信仰共同体としての組織があったからこそその宗教活動を維持できたというのも確かなことだろう。その組織こそコンフラリア（Confraria 信心会・兄弟会の意）であったと考えられる。

コンフラリアは中世ヨーロッパに起源を持つ、キリスト教の平信徒の組織である[72]。したがって、コンフラリアは初めから潜伏活動を目的にした組織ではなく、宣教師の不足を補うものとして発足したものであった。キリシタンが日本列島に伝えられても、宣教師の数が少なかったので、宣教師は常に信徒のもとにいることができなかった。こうした状態では、キリシタンの宗教活動の維持が困難になってしまう。そこで、平信徒だけで宗教活動を維持できるようにするために組織されたのがコンフラリアである。また、この組織は同時に、病者や貧民の世話など現代でいうところの社会福祉的な活動を行うという性格も持っていた。十六世紀後期にキリシタンの信者数が増えていった背景には、このようなコンフラリアの社会福祉的活動が多くの人にとって魅力的であったからでもある。

しかし、十六世紀末から十七世紀をまたぐ時期にキリシタンを取り巻く状況は大きく変化する。キリシタンの宗教活動が、豊臣秀吉によって制限され、秀吉のあとを受け継いだ徳川幕府によって禁止されると、コンフラリアはその性格を転換させることになった。つまり、それまでは宣教師の不足を補う組織であったのが、それ以後は棄教者を出さないために信徒どうしがお互いに励まし合う組織になったということである。キリシタンの殉教が多数起こったのはこの時期である。こうして、宣教師や指導者が取り締まりの主要な対象として標的とされ、殉教するか棄教するかの選択を迫られた結果、一般信徒は取り残されることになった（第一章参照）。そして、心から棄教しきれない一般信徒は潜伏してその宗教活動を維持することとなり、同時にコンフラリアは禁教のもと平信徒だけで密かに宗教活動を維持するための組織となった。それが幕末まで継続していったのだと考えられる。

潜伏キリシタンのコンフラリア

潜伏キリシタンのコンフラリアについての詳細は不明である。浦上崩れや天草崩れの際の吟味調書にもコンフラリアという名称は見えない。長い間潜伏していたわけだから、その実態がわかる史料がほとんどないのは当然かもしれない。しかし、そうした組織は確実に存在していた。

たとえば、天草の場合、天草崩れ（一八〇五年）のときの大江村の吟味調書には、「組合之面御尋ニ付、上下弐組ニ分リ居候由申上ル」との証言があった。[73] つまり、上組・下組という二つの組織があったことになる。また、今富村の吟味調書でも上組・下組の存在が証言されている。これにより、潜伏キリシタンの宗教活動の基盤となる組織が複数存在したことは確認できよう。

高浜村（現・天草市）庄屋上田家。天草崩れの際の吟味記録をいまに残す

しかし、実はその中身についてはよくわからない。その組織はそれぞれの村内ごとに存在していたのか、それとも村をまたいで全体で上組・下組の組織が成立していたのか、それさえも不明である。大江村が成立する前は「河内村」と「大池村」に分かれていて、それにあたる地域がそれぞれ上組・下組を構成していたのではないか、との見方がある。[74]『角川日本地名大辞典』によれば、「正保郷帳」に「大池村」と見える村があったとあるが、「河内村」も「大池村」もいずれも近世の〝行政村〟というよりも村内の集落のようなものであろう。この見解にしたがえば、上組・下組は村ごとに組織化されていたということになる。

その一方で、村を越えて信徒共同で上組・下組という組織が活動していたと考えてもおかしくはない。実は、天草崩れの吟味調書には、上組・下組で暦法に若干の違いがあることが証言されている。それぞれの暦法の概略もそこには記されており、大江村・今富村の上組、大江村・今富村の下組の暦法が、それぞれほぼ同じなのである。

上組では、「霜月祭り」（降誕祭＝クリスマス）と定めた日から次の「霜月祭り」に当たる日までの日数を三五四日、他に三年ごとの閏月を一年ごとに割り振った日数を一〇日とするので、一年は合計三六四日となる。この内訳としては、「霜月祭り」から「かなしみの入」（復活祭前の四旬節）までが五五日、「かなしみの入」の期間が四九日なので、「霜月祭り」から「かなしみの入」の期間を合わせた日数は一〇四日となり、残り二六〇日となる。そして、この日数のうち「とみんこ（日曜日）」にあたる日が祝日となる。これに対して下組では、一年の数え方など基本的な考え方は同様であるが、その内訳が若干異なっている。「霜月祭り」から「かなしみの入」の期間を合わせた日数は一〇一日で、残り二六三日のうち「せつた（金曜日）」にあたる日が祝日となる。

このように、組ごとに宗教活動の内容や暦法に若干の違いがあることがわかる。大江村・今富村それぞれの上組・下組で暦法が共通しているというのは、やはりそれぞれの村ごとに上組・下組があったというのではなく、村を越えた組織が存在していたと考える方が合理的なようにも思える。ただし、崎津村・高浜村ではどのような組織が存在していたかという点について、史料的に確認できないのでこれ以上は何ともいえない。天草崩れで「異宗」が発覚したのはこの四ヵ村に限られるが、吟味の範囲を恣意的に限定したのではないかと思える節があるので、実際にはこの周辺地域にも広がっていたと見られる。それでも、天草の潜伏キリシタンは天草島の全域にわたって存在していたのではなく、右の四ヵ村とその周辺の地域にとどまっていたと考えて差し支えないように思われる。そうした条件を考えると、やはり村ごとにそれぞれ上組・下組の組織があったのでなく、村を越えてこの地域の潜伏キリシタン全体で二つの組織があったということになろう。ただし、その二つの組織がどのような区分けであったのか、地域のつながりによるのか、人的なつながりによるのかは不明とせざるを得ないだけでなく、さらにその内容が若干異なっていた理由についてもわからない。

組織の内実についてもわからないことばかりであるが、今富村の吟味調書には信仰行事を行う場所についての証言がある。その際には、宗教活動の世話は信徒それぞれが順番に務めるのではなく、「仏像持之家」というのがあって、そこに信徒がその「仏像」を拝みに行くのだという。つまり、彼らの組織には「仏像持之家」と平信徒の区別があって、宗教活動は「仏像持之家」で行われていたということになる。

浦上の場合は、安政三年（一八五六）に起こった三番崩れの吟味調書に、潜伏キリシタンの組織についての言及がある。これによれば、「惣頭《そうがしら》」、「触頭《ふれがしら》」、「聞役《ききやく》」という役職があったとされる。「惣頭」の役割は祭日や日繰りを管理して吉凶判断を行うこと、「触頭」の役割は触事を統括すること、「聞役」の役割は場所ごとに組み分けしてそれぞれの組で触頭の補佐役を担うことであり、それは前々からの仕来りであったという(75)。

組織の内実はそれぞれの地域で多少異なっていたことが予想される。しかし、信仰共同体としての組織は確実に存在した。そして、その組織の存在こそが、長期に集団的に潜伏することを可能とする条件になっていたといえよう。

2　潜伏キリシタンの生活共同体——天草の場合

潜伏キリシタンは百姓でもあった

一方、潜伏キリシタンは村社会を生活の場とする百姓でもあった。非キリシタンの百姓と同じように、潜伏キリシタンも村請制のもとに組織された生活共同体としての村社会の一員であった。潜伏キリシタンをめぐる従来の研究は、この視点が希薄であったように思われる。

かつての見方では、彼らが潜伏することが可能であったのは信仰組織と村落組織とが一致していたからである、と説明していた。両者の成員・要職が一致していたことが、怪しまれずにキリシタンの宗教活動を継続できた理由だというのである。

しかし、事実の点でこれは誤りである。潜伏キリシタンが存在した村にはキリシタンしかいなかったのではない。一村丸ごと信徒であったというのではなく、信徒・非信徒が混在していたというのがおおかたの実態である。コンフラリアの要職と村役人が完全に一致していたということもない。信徒の割合は、たとえば天草の場合、天草崩れの対象の村であった大江村・崎津村・今富村では約五〜七割、同じく天草の高浜村では一部落のみ、一連の浦上崩れの舞台となる浦上村山里の場合は約九割であった。浦上村山里は確かに比率が高いが、それでも一〇割ではなかった。当初、庄屋高谷氏とその親戚一族がキリシタンであった可能性はゼロではないようであるが、浦上一番崩れが起こった十八世紀末、キリシタンでなかったことは間違いない。

このようなキリシタンと非キリシタンの混在した村社会で、キリシタンが潜伏することができたのはなぜなのか。この問いに答えるためには、結論めいたことを先にいえば、潜伏キリシタンの属性をキリシタン信徒だけに押し込めないことが必要である。つまり、潜伏キリシタンはキリシタンを信仰する者であると同時に、近世社会を生きる百姓でもあった。彼らが帰属した組織の点からいえば、彼らは信徒としてコンフラリアという信仰共同体の一員であるとともに、村請制のもとに運営される近世村落という生活共同体の一員でもあったということである。

では、潜伏キリシタンが帰属していたこの二つの共同体は、彼らにとってどのような存在であり、両者の関係はどのように位置づけられていたのであろうか。

天草崩れに見る天草の生活共同体

文化二年（一八〇五）に天草崩れが起こったとき、庄屋・大庄屋を除く村社会は結束して行動した。島原藩による「異法」吟味に、村社会として抵抗の姿勢を示したのである。島原

徳照山江月院。熊本県天草市

藩は庄屋・大庄屋を通じて信徒たちに対し、「異法」の信仰道具である「異物（異仏）」を速やかに提出するように説諭していたのであるが、島原藩の思惑通りには進まなかった。村民は「異仏」の提出そのものについては拒否しないが、誰がどのようなものを提出したのかを明らかにすることは避けてほしい旨、村方一統で希望した。村社会の意向としては、信徒と非信徒の明確化を回避しようとしたのである。

　具体的には、今富村では年寄の平三郎が中心となり村方一統の意志として、村民の多くが檀那寺としていた大江村江月院《こうげついん》に「異仏」を提出した者の名前を明らかにしない旨の願いの取りなしを申し出るとともに、庄屋・大庄屋を通じて島原藩に穏便な吟味を願い出ている。その際、村ではこの宗教活動は先祖伝来の習俗であったので、その問題性に気がつかなかったと理由付けた。すなわち、その願書のなかで、もともと「異法」信仰を行っている者たちは、何のわきまえもなくそれぞれの家が伝承してきた習俗を信仰していたにすぎない、と述べている。そのうえで、この問題が発覚してからは、村内で申し合わせて五人組の相互監視を強化し、心得違いが起きないように慎みたいと思う。ついては、これまでのことはどうかご憐愍《れんびん》をもってご容赦いただきたい。ご慈悲をひたすらお願い申し上げる、として藩主への取りなしを願うという言葉で締め括っている。

この今富村村方一統の歎願書の論法は、疑われている「異法」は先祖伝来の習俗にすぎないからご慈悲をお願いしたい、というものである。もちろん、この史料の言い回しは処罰を避けるためのレトリックであるとの見方も成り立つだろう。ここで注目しなければならないのは、この歎願書が信徒だけによるものではなかったという点である。これが非信徒を含めた村方一統によるものであるとすれば、村社会全体の論理としてこの文言を解釈しなければならない。

もし、この事件で多数の処罰者を出せば、村請制を前提として成り立っている村社会の日常生活が成り立たなくなるのは必然である。それは、非信徒にとっても生活が脅かされることになり、死活問題となる。非信徒を含めた村社会の結束は親族や隣人への情愛に由来するものである、というのはもちろんであろう。しかし、そればかりでなく、村社会全体の利益を考えれば、信徒と非信徒を明確化するというのは決して有益ではない。処罰者を出さないために、生活共同体としての村社会が結束して村社会の秩序を乱す藩の行為に抵抗したと考えるべきではないか。そもそも江戸時代の村社会はそうした機能を持っているのであり、右の村方一統の歎願はそれが如実に表れたと見るべきである。

今富村村方騒動に見る天草の生活共同体

もう一つ、天草で生活共同体としての村社会が機能した事例として、天草崩れから六年後の文化八年(一八一一)に起こった村方騒動を紹介したい。(76) それは、今富村で起こった庄屋上田演五右衛門を排斥しようとした騒動である。この騒動を引き起こした集団は「合足組《がっそくぐみ》」と呼ばれたが、その中心になったのは天草崩れで摘発された「異宗」信仰者であった。ただし、天草崩れの際、彼らはみな改めて踏絵を踏み、「異宗」を改宗するということを前提に許されたので、「異宗回心者」と呼ばれた。

事件の経緯は次の通りである。文化八年五月二十一日、「異宗回心者」を中心メンバーとする「合足組」は、庄屋上田演五右衛門の免職を要求する訴状を富岡代官所に出勤中の大庄屋に提出した。彼らのねらいは前庄屋大崎吉五郎の血筋の者が庄屋に就くことを実現することであった。その後、特にこれに対する沙汰がなかったため、「合足組」は翌九年五月九日から十六日まで村内鎮守の十五社宮(今富神社)で寄合を開き、二〇ヵ条に及ぶ庄屋非法を批判する文書を作成した。それをもって富岡代官所へ強訴を決行したため、惣代の兼助ら八人が手鎖の処分となった。彼らは数ヵ月後には許されたものの、「合足組」の要求は結局取り上げられなかった。

そこで同年秋、年貢上納に行き詰まったことを契機として、十一月二十二日に「合足組」二八〇人余が富岡代官所に対して強訴しようと、今富村から富岡に向かって押し出した。しかし、「合足組」はその道中の都呂々《とろろ》村において同村庄屋・年寄に説得され、二十五日、強訴未遂のまま今富村に引き返した。

その後、しばらくの間、具体的にどのような動きがあったのか明らかでないが、文化十一年五月九日付で「合足組」が解散し、両者は和解した。ただし、これには庄屋上田演五右衛門が庄屋を辞任するという条件がついていた。それでも、演五右衛門の後継者である倅友之《ともの》丞《じょう》が幼少であったので、「合足組」と演五右衛門の和解後も実際は演五右衛門が引き続き庄屋を務めた。演五右衛門が庄屋を退いたのは文政三年（一八二〇）である。なお、この事件は文化十二年九月に長崎代官よりそれを追認する判決が下され、決着したのであるが、長崎代官から判決が下されたのは、文化九年十二月に島原藩預かりから長崎代官所支配に支配替えとなったからである。

もともと演五右衛門が今富村の庄屋に就任したのは次のような経緯があった。享和元年（一八〇一）、先の庄屋大崎吉五郎が死んだとき、その子幾太郎は幼少であった。寛政期ごろから「異宗」問題をどのように処理するか模索し始めていた島原藩は、幼少の幾太郎では心許ないと判断したのであろう。同年九月にまずは高浜村庄屋上田宜珍が兼帯することになり、次いで翌二年十二月に宜珍実弟の演五右衛門が指名された。つまり、演五右衛門の庄屋就任の背景に、「異宗」問題があったということである。

実際、天草崩れの経過のなかで、演五右衛門は島原藩の「異宗」探索に積極的に協力した。演五右衛門は「異宗探索日記」（実際の帳簿の表紙には表題はない）ともいうべき記録をつけており、独自に「異宗」の活動を調べて島原藩に報告していた。こうした前提があって、文化八年の今富村村方騒動がある。こうした経緯から演五右衛門自身は、「合足組」の目的は天草崩れの報復にある、と見たようである。

演五右衛門が作成したと思われる『徒党ニ不加者与相加候者名前帳』という書類は、村民（ただし当主のみ）を「合足組」二七九人と非「合足組」一〇六人とに分けて記載したうえ、それぞれ「異宗」と「素人」とに分けて並べている。確かに、演五右衛門を排斥しようとした「合足組」は「異宗回心者」を中心として結成されたものであった。しかし、この「合足組」の構成員は「異宗回心者」が多数を占めていたものの、もともと「異宗」の活動に関わっていなかった「素人」と呼ばれた者も少数ながら含まれていた。このことの意味を考えてみなければならない。

また、「異宗回心者」のなかには、当初「合足組」に加わることを拒否していた者もいたようである。たとえば孫左衛門という百姓は、天草崩れのとき処罰を受けなかったことを子々孫々までのありがたい慈悲であったとして、天草崩れの報復など考える筋ではないといったという。ところが事件後、実際には孫左衛門は急度叱りの処分を受けたと記録にあるので、結局は「合足組」に加わったようである。したがって、孫左衛門が「合足組」に加わった理由は別のところにあったと考えるべきであろう。それは、村請制のもとに運営される村社会の一員としての論理である。

庄屋糾弾の村社会の論理

先に見たように、「合足組」は文化九年（一八一二）五月に二〇ヵ条に及ぶ庄屋非法の糾弾書を作成した。それは、次のような内容のものであった。村民が借金をする際、庄屋の奥書を必要とするが、演五右衛門は返済期限の年季を五ヵ年ならば三ヵ年に、三ヵ年ならば一ヵ年に故意に短くしていたという。あるいは、前庄屋（大崎氏）時代の村政のやり方をすべて変更したため、村を運営するためにかかる費用や村民の負担が多くなって、村全体が難渋するようになったとも訴えている。それによって演五右衛門にどのような利益が生じるのかは明快ではないが、「合足組」は演五右衛門の庄屋としての適性を問題視し、庄屋交代を求めたのである。

この糾弾書には「異宗」問題は含まれていない。だからといって、天草崩れの報復の意味がまったくなかったとはいい切れないだろう。そのようなことを表立って文書にするとは考えられないからである。しかし、「合足組」には「異宗回心者」ではない「素人」が含まれていたとすれば、「合足組」の活動が成り立つためには「異宗回心者」と「素人」の両方に共通する、演五右衛門を糾弾する論理がなければならない。天草崩れの報復がこの騒動の原因であるというのは、少なくとも表向きは演五右衛門のほうの認識である。騒動を起こした「合足組」のほうの認識は、もっと複雑で重層的であったのではないか。

ところで、今富村の村方騒動が起こった文化八年は、天草で百姓相続方仕法と呼ばれる徳政法令が発令された寛政八年（一七九六）から十五年後に当たる。この法令は、無年季的質地請戻《うけもどし》慣行と呼ばれる村社会の慣習法の精神を、天草の支配役所である富岡代官所が成文化したものと考えられる。

無年季的質地請戻慣行とは、たとえ百姓が借金を返済できずにその担保とした質地の権利が金銭の貸し主に移動したとしても、元金さえ返済すればいつでも流地となった土地の権利を請け戻すことができるという慣習のことである。現代人は一度契約が結ばれ、その通りに実行されたとすれば、そのこと自体簡単に覆せないものと考えるのが普通である。しかし、それは近代に成立した常識であって、前近代の社会にも通用するとは限らない。

近世社会では、百姓が耕作している田畑は検地帳にそれぞれの名前が記されていたとしても、それは必ずしも個人が独占しているものとは考えなかった。なぜならば村請制という仕組みのもと、村全体で年貢などの諸負担を共同で負うシステムになっていたからである。したがって、土地については実際に耕作している百姓個人のものというよりは、生活共同体である村全体で保持している、というのが当時の感覚に近かったと思われる。金銭の貸し主である村役人などの村落上層百姓も、たとえ質流れで土地の権利が自分のものになったとしても、村社会全体の利益を考えると、元金さえ返してもらえれば流地を返還することに同意したほうがよいと判断していた、ということであったのだろう。この無年季的質地請戻慣行により、中下層の百姓の経営がつぶれてしまうことをある程度防ぐことができたと考えられるので、この慣行はいわばセーフティネットの役割を果たしていたといえるかもしれない(77)。

天草において、こうした村社会の慣行の精神を成文化したのが寛政八年に富岡代官所から発せられた百姓相続方仕法である。この法令については、先行研究においてその画期性が注目されてきたが[78]、これには右の慣行の崩壊を促す大きな問題が含まれていたことにも留意しなければならない。この法令の対象となったのは、五二年前の延享元年（一七四四）から寛政八年の間に権利が移動した土地とされた。すでに「永代売」の扱いになっている土地を含めすべての流地・質地について寛政八年から一〇年の間の質年季として元金返済の契約をやり直し、請け戻しを進めるようにした。さらに、一〇年後に請け戻しを完了できなかったとしても、年季明け後の一〇年は流地扱いにしないこととされた。都合二〇年は請け戻し可能な期間として設定されたわけである。確かに元金返済による質地請け戻しを促進しようとする画期的なものといえるが、寛政八年から二〇年以内に元金を返済できなければ完全に流地になる旨明記されたことが問題である。すなわち、この法令は無年季という慣行を認めないという宣言でもあった[79]。

この法令は一定程度効果があったようであるが、期限が来ればまた問題が再燃するなどの問題が起こった。富岡代官所は仕法期間の延長や仕法の再触（弘化三年〈一八四六〉と明治元年〈一八六八〉に発令したが、内容はより限定的になった）などで対応したが、すべての土地が元の請け主に戻ることはなかった。

こうした動向はもちろん天草に限らない。その延長線上に明治六年（一八七三）の地租改正がある。個人の土地私有権を認める近代的土地所有制度は、右のような経緯のなかで無年季的質地請戻慣行の動揺を経て成立したものである。結局この過程は、商品経済の活発化のなかで小商品生産に携わる下層百姓が借金をしながら土地を手放すことを常態化させ、逆に地域有力者（天草の場合、「銀主《ぎんし》」という）による土地集積を固定化する方向へ向かわせるものであった。当然のことながら、このなかにあって下層百姓の経営は不安定のままであった。

今富村村方騒動が起こった文化八年（一八一一）は、百姓相続方仕法が発令された寛政八年（一七九六）から一五年後のことであり、その期限まであと五年に迫っていた時期にあたる。今富村村方騒動と百姓相続方仕法との関係を史料的に明快に証明することは困難であるが、経営状況が不安定なまま請け戻すことができないでいる下層百姓にとって、あせり始める時期であったことは確かだろう。そうだとすれば、百姓経営の不安定さは、従来から庄屋を務めてきた大崎氏に代わって就任した演五右衛門の非法のせいだと考えるようになっても不思議ではない。実際のところ、演五右衛門の行為が非法といえるようなものであったのかどうかはわからないが、百姓経営が不安定であるという不満は、演五右衛門の非法の責任にされてしまったということだったのではないか。

いずれにしても、庄屋糾弾を進めた「合足組」という組織のメンバーの多くは、天草崩れで「異宗」を回心したと見なされた「異宗回心者」であったため、庄屋演五右衛門は「合足組」の行動を天草崩れの報復と見た。しかし、「合足組」の参加者には、少数ながらも「異宗」活動には関わっていない「素人」も混在していた。また、庄屋演五右衛門を糾弾する訴状の内容はすべて庄屋非法を指摘するものであり、宗教問題ではなかった。もちろん「異宗」の信徒たちが、天草崩れにおける演五右衛門の行動に不満を持っていたことは想像できるが、「素人」を含む「合足組」の構成や訴状の内容を念頭に置くと、「合足組」の結合はむしろ百姓経営を脅かす庄屋のあり方を糾弾する、村社会の一員としての論理によるものであったといえるのではないだろうか。

ところで、天草崩れが起こった文化二年（一八〇五）は、百姓相続方仕法発令から九年後にあたる。天草崩れの吟味調書からは、この法令と天草崩れとの関係が直接窺える史料はなかなか見出せないが、吟味に当たった島原藩が一斉捜査に踏み切るときにかなり慎重な姿勢を示していたのは、経済問題も懸念材料の一つであったからである。島原藩の認識では、かつてキリシタンが起こした島原天草一揆の原因に経済問題があったとし、天草崩れの吟味が進行中の文化二年五月に島原藩から幕府へ天草全体で一五〇〇〇石の減免願が提出されている。天草崩れも経済問題とまったく無関係ではなかったことが窺えよう。

3　潜伏キリシタンの生活共同体――浦上の場合

浦上村山里の村方騒動

浦上ではどうであったか。ここでは、一連の事件の最初に起こった寛政二年（一七九〇）の一番崩れに注目したい(80)。この事件はキリシタン露顕事件というよりも、庄屋高谷永左衛門を糾弾する村方騒動としての性格が濃厚である。その経緯は第二章でごく簡単に紹介したので、ここではこの過程で庄屋方と村民とがどのような態度をとったのか、という点について分析してみよう。

この事件は、忠右衛門ら一九人の百姓が「異宗」の宗教活動を行っているとして、長崎代官手代塚田郡兵衛の協力のもと庄屋永左衛門から訴えられ、召し捕らえられたことから始まったものである。ただし、この前提には、村内鎮守の山王社奥之院八八体の仏像建立のため、庄屋永左衛門が村民に醵金《きょきん》を要請していたところ、右の一九人がそれを拒否したというトラブルがあった。

このあたりの事情については、もと長崎の地役人で、寛政二年に長崎奉行の直《じき》支配となった長崎奉行所手附《てつき》の松下太次平が、同年九月十六日付で長崎奉行所へ提出したと思われる風聞報告書に興味深い指摘がある。この史料によれば、醵金を拒否した一九人の者は浦上村に田畑山林を多く所持していて身代が裕福であったという。そこで、庄屋方は彼らを呼び寄せ、山王社八八体の仏像建立のため銀二三貫目の寄進を要請したところ、彼らは不承知の旨回答してきた。庄屋方はこの回答を不満に思ったところから彼らを「外道宗共《げどうしゅう》」と罵ったうえ、村内へもそのように触れて回ったため、しきりに「異法」の風説が流れるようになった。こうして寛政二年七月、ついに庄屋永左衛門から長崎代官所へ「異法」吟味の申し立てを行うことになったという。以上の経緯から、この事件で当初庄屋方の標的にされたのは富裕な百姓であり、村内の「異宗」を根こそぎ摘発しようというのではなかったことがわかる。

しかし、こうした庄屋方の一九人の富裕百姓を排除しようとする姿勢は一般村民の反発を招いた。右の松下太次平の風聞報告書によれば、一九人の者が無実であるのに入牢となったことに村民が反発して、庄屋方打ち潰しの申し合わせの噂があったとされる。このあたりから、この件は庄屋方と村内富裕層との確執にとどまることなく、庄屋方と村民一同との対決の様相を見せていくことになる。

庄屋方はその年の七月から九月にかけてかなり強引なかたちで「異宗」の証拠を集め、一九人の百姓を「異宗」の宗教活動者に仕立て上げようとしていた。というのは、庄屋永左衛門は手先の久米蔵を通じて大村藩領から出奔してきた無宿人の作次郎を雇い、「異宗」の風聞があった大村藩領や天草で使用されている「異仏」を手に入れようとしていた形跡があるからである。

久米蔵の証言には、次のような作次郎とのやりとりがあったとされる。作次郎によれば天草ならば「異仏」があるというが、天草の「異仏」を手に入れたとしても浦上村での証拠にはならないから、それを手に入れても意味はない、と久米蔵は作次郎に伝えた。しかし、作次郎がともかくこのことを庄屋永左衛門に伝えてほしいというので、久米蔵が永左衛門に話したところ、永左衛門はそれでもいいから天草へその「異仏」を取りにやらせろといったという。

一方、作次郎の証言によれば、作次郎が久米蔵に対してこの「異仏」の使用方法を尋ねたところ、久米蔵は浜口（浦上村山里の字名《あざ》）の者のところにあったように見せかけるのだと答えたという。

いずれも自分の責任を回避しようとする証言であり、誰の発案なのかははっきりしないが、類似の「異宗」の風聞がある天草の「異仏」を手に入れて、浦上村の者が使用していたかのように仕立て上げるという計画があったことは確かである。実際、作次郎は往来切手と路銀を受け取り天草へ行き一度は「ヲンミ」(御身)という仏を手に入れたが、その後もとの持ち主に取り返されてしまったため、結局この計画は失敗に終わった。そこで次に、作次郎は大村藩領丸尾の伯母せつのもとへ行き、同年九月六日に「異仏」を盗み取ることに成功した。この「異仏」は翌七日に久米蔵に渡され、永左衛門の手紙が添えられて久米蔵から長崎代官へ提出されたという。

庄屋方の「異宗」探索

寛政二年十二月に証拠不十分として、庄屋方から告発された一九人の富裕百姓は釈放され、高谷永左衛門・塚田郡兵衛はそれぞれ庄屋・代官手代を免職された。しかし、永左衛門はこれ以後いっそう積極的に村内の内偵を進めていった。そのうえで永左衛門は、一年後の寛政三年十二月四日付でその報告書を長崎奉行所に提出した。

これによれば、浦上村の近来の様子は格別に「異法」が繁茂しているようだという。そこで、永左衛門はもう一度その実態を訴えるべく、腹心の者を見立てて隠密に捜査し、「異法」の証拠を手に入れようと心がけた。そうしたところ、やはり「異法」の宗教活動が行われているのは間違いなく、今年(寛政三年)の八月になって「異法」を伝道するための書物を二通、浦上村山里中野郷の源左衛門が所持しているのを、間者を通じて借り受け写し取った。また、十一月はこの「異法」にとって大切な祭礼を行う季節である。信者たちは頭取の家へ行って「仏」を飾り、その儀礼を実施したとのことで、右の間者は十一月二十六・二十七日に家々を回り、拝礼してきたという。その際、その「仏」と信者の名前を「異法」信仰者の自筆にて書いてもらったので、右の伝道の書物とともにこの書付を別紙にてご覧に入れたく思う。したがって、「異法」の宗教活動を実践している者がいるというのは間違いないと断言する。

こうした庄屋方の「異宗」探索は、その後も執拗に継続していた。たとえば寛政四年十二月に、村内家野《いえの》郷の兵助宅の裏手に「異仏」が隠し置かれているのを、永左衛門庄屋免職後に庄屋役を引き継いでいた藤九郎が発見し、庄屋方一族とともにその画像を確認している。藤九郎らは、(兵助が病気であったため)兵助の悴兵次郎を問い詰めたが、兵次郎はその画像についていっさい知らないと主張した。庄屋方は加えて、怪しい「宗体」の宗教活動があるようだから正直に申せと兵次郎に迫ったが、兵次郎は決して承伏しなかったという。

このように、庄屋方は当初山王社奥之院仏像建立の醵金を拒否した一九人の村内富裕層を「異宗」の者として告発しようとした。その背景には庄屋方と村内富裕層との確執があったことが想定されるが、結局この件は富裕層を押さえ込もうという庄屋方の思惑通りにはならなかったため、庄屋方の策動は村内に広がっている「異宗」を暴くことにシフトしていった。そして、それはこの件が庄屋方と富裕層との確執では収まらないことを意味した。その先には、庄屋方と村民一同との全面対決が待っていたのである。

浦上村山里村民の庄屋批判

庄屋方が村内の「異宗」の摘発に奔走した一方で、村民は一致して庄屋方の動向に批判の目を向けていた。ここでは村民の側から提出された出牢歎願書を手がかりに、村民の意識を探ってみたい。寛政四年二月の二度目の召し捕りに対する出牢歎願書として、同年五月に入牢者の親族から長崎奉行所へ(以下、親族歎願書と呼ぶ)、翌寛政五年六月三日(歎願書の日付は五月付)に深堀安左衛門の家人久米次郎から勘定奉行久世広民へ(以下、久米次郎歎願書と呼ぶ)、それぞれ提出されている。

このうち後者の久米次郎歎願書は、同人が太宰府参詣を名目に密かに江戸に上って実現したものである。提出先がなぜ久世であったのかについては、次のような事情があった。寛政四年閏二月六日に長崎奉行永井直廉《なおかど》が病死したため、同年三月に義弟で当時目付であった平賀貞愛《さだえ》が後任として任命されたが、長崎に到着したのは六月であったので、この間現地では長崎奉行が不在となった。このとき久世も江戸に在府中であったが前職が長崎奉行であったので、賄賂問題で蟄居中であった長崎奉行水野忠通の代理として、寛政四年六月に平賀が長崎に到着するまで長崎関係の問題を臨時に担当していた。また、久世は長崎町人に人気があったとされ、こうした事情から久米次郎は久世を頼ったものと思われる[81]。

一回目の一九人の召し捕りの際、村民一同による庄屋方打ち潰しの風聞があったことに表れているように、この二通の歎願書に書かれている庄屋方への不満は、個人的なそれというよりも村民共通のものであったと判断してよい。その内容は、以下のようなものであった。

歎願書では、そもそもこの件は、庄屋方の策略によって引き起こされたものであると指摘されている。寛政四年二月に捕らえられた七太郎は実は庄屋方の手先であり、吟味のなかで数年前に「異宗」をやめたと証言して一人出牢を許された者であった。親族歎願書も久米次郎歎願書も七太郎が四日前から召し捕りの決行を知っていたと指摘しており、その理由について久米次郎歎願書によれば、七太郎に「異宗」の信仰を白状させたあと、他の捕縛者に対して七太郎のように白状すればすぐ出牢できるといいふくめて、芋づる式に摘発しようと庄屋方は考えたという。七太郎はおとりであったというのである。

また、久米次郎歎願書には、先に見た作次郎が大村藩領から持ち帰った「異仏」を庄屋方が村民に見せつつ、同じものがあるはずだと白状を迫っていた様子が指摘されている。これに対して久米次郎歎願書は、庄屋方がそのような仏像を長崎奉行所から渡されてみだりに持ち歩いていることこそ不審であるとしたうえで、捕らえられた者が拷問にかかっているのと同じように、庄屋方の者を拷問にかければ、この件が庄屋方の策略によって引き起こされたことであることが明らかになる、と主張している。

さらに歎願書では、寛政二年の最初の召し捕りの際、一九人の者の無実が明らかになったにもかかわらず、虚偽の申し立てを行った庄屋方が軽い処罰で済んだのは、庄屋方から長崎奉行所へ多額の賄賂が渡されたからであると指摘している。この点、親族歎願書も久米次郎歎願書も庄屋方は本来もっと厳しい処罰が下されてもおかしくないのに、金のお蔭で役儀にもとどまっている（実際は庄屋永左衛門は庄屋を免職され悴藤九郎へ引き継ぐ）という評判であると主張する。この噂は浦上ばかりでなく、長崎市中でも広まっているといい、特に親族歎願書ではその賄賂総額を千両であったと具体的に示している。この賄賂総額は実際のところはどうであったか不明であるが、松下太次平の風聞報告書には庄屋方の動向を「悪心」とか「底意」などと批判する村民の声が記されており、多額の賄賂総額の評判はこうした村民の感情が反映されていると見ることもできよう。

このように、浦上村山里の村民は一致して「異宗」の存在を否定し、庄屋方の動向を厳しく批判していた。そうした村民感情は、久米次郎歎願書のなかで指摘されている次の文言に集約されている。これによれば、庄屋方の動向は、彼ら自身の「私欲」や「強欲」を隠蔽するための計略であったというのである。先の松下太次平の風聞報告書でも、庄屋方には「私欲」の筋があるとの噂があったと記されている。

「私欲」「強欲」とは具体的には何を指しているのであろうか。松下太次平の風聞報告書には、一九人の富裕層の召し捕りについて次のような風聞があったことが指摘されている。庄屋方は一九人の富裕層が処罰されたあと、彼らが所持している山林田畑を差配しようと計画していたという。長崎代官手代の塚田郡兵衛に協力を依頼したのも、その一部を配分することが条件であったというのである。もちろんこれは、あくまで村民のほうに協力的な奉行所手附であった松下による報告書のなかで記されていることであるから、事実かどうかはわか認できよう。しかし、村民の庄屋方に対する感情がそれほど厳しいものであったということは確らない。

浦上村山里における日常的事件

村民による庄屋方に対する「私欲」「強欲」批判は、具体的な行為というよりも、もう少し構造的な問題から考えるべきであろう。そこで、浦上村山里も村請制の仕組みのなかで運営される近世村落の一つであったという事実に注目したい。以下、この村で「異宗」をめぐる事件が断続的に起こった同じ時期に、日常的にはどのような事件や出来事があり、それはどのように処理されていたのかという問題を考えてみたい。

ここでは、『長崎代官記録集』[82]という史料に表れた、浦上村山里村民の日常的な事件を検討しよう。この史料は、文政二年（一八一九）から慶応四年（一八六八）までの、長崎代官管轄下にあった幕府領の日常的な事件や触書などをまとめたもので、浦上村山里はその村の一つであった。果たして、浦上村山里における日常的事件に「異宗」の村という性格を感じることができるだろうか。

『長崎代官記録集』のなかで、慶応三年に始まる浦上四番崩れ以前に記載された浦上村山里村民の生業について注目すれば、農業がもっとも多いことは確かである。しかしそのほかにも、ここに登場する村民には、木綿商・質屋・縄筵《なわむしろ》商・米屋・果物商・酒屋といった商売人や大鋸《おおが》を扱う職人などもおり、その生業は実に多様である。そのようなさまざまな生業を成り立たせていたのは、長崎という異国への窓口の近郊という条件も考えられなくはないが、江戸時代の百姓は農業生産のみならず、余業・余作などとして農作物への加工を行ったうえ、行商も行っていた場合や、もっと本格的な副業生産として諸道具の生産や商売を行っていた場合もあったという指摘と関係がある(83)。

百姓イコール農民ではない、というのは確かである。したがって、農業生産だけを見て豊かか貧しいかを判断することはできない。かつて潜伏キリシタンは貧農が多く貧しかったという見方があったが、多様な生業を含めて考えてみると、潜伏キリシタンが特別に極貧であったとはいえない。平戸藩領の生月島や平戸島、福江藩領の五島列島では捕鯨がさかんであり、それぞれの地の潜伏キリシタンが何らかの形で捕鯨産業に関わっていたことが想定されるから、極貧の最下層百姓であったとするイメージは再考されなければならないだろう。

それはともかく、浦上村山里の村民は多様な生業を営むなかで、火事、殺人事件、欠落、出奔した者の欠所品の差配、死骸や落とし物の発見、喧嘩口論、一族内や商売上のトラブルなど、これまたどこにでもありそうな日常的事件に関わっていた。その場合も、村役人への聴取を経て長崎代官によって処理されているのも、通常の幕府領での日常的事件の処理の仕方と変わるところはない。

一例だけあげよう。文政四年（一八二一）五月に村内里郷字石原において首をくって死んでいる死体（史料上では「坊主」と記されている）が発見された。第一発見者の村内里郷百姓幾太郎の悴万蔵が、牛馬のための秣《まぐさ》の草刈りに出かけたところ、その途中で櫨《はぜ》の木に人が首をくっているのを見つけ、あわてて家に戻ってその様子を親幾太郎へ報告した。そこで、幾太郎はその現場の畑の持ち主である吉次郎へ知らせた。史料には村役人へ知らせたことは明記されていないが、このとき同時に幾太郎から連絡したものと推定され、発見者と畑主、および村役人一同立ち会いのうえ見分が行われた。

死体の身元はわからなかったものの、年齢は一八か一九歳くらい、耳・口・鼻は常態で、月代《さかやき》を剃り、絹紬の単物を着し、白木綿の細帯を締め、同じ白木綿の下帯をしていた。長さ九尺（約二七〇センチメートル）ほどの紺の木綿帯を首に結い付け、村内石原の畑の櫨の木より首をくって死んだものと思われる。その死体を引き下ろして改めてみると、全身には疵《きず》はなく、帯で締めた跡が変色しており、腰から下はすべて紫色になっていた。自ら首をくって死んだと見て間違いなく、櫨の木の下に古い雪駄が一足あるほか何も所持品は残されていなかった、というのが見分の結果である。

村役人の吟味によれば、その前夜に村内では喧嘩口論もなく、怪しい風聞もなかった。死人について誰も身元を知る者はなかったので、どこからか貧窮に差し迫った者がたまたまこの場所に来て首をくったものと断定された。こうして、この件は特に疑わしい事件ではない旨、長崎代官高木作右衛門によって報告書としてまとめられ、長崎奉行間宮信興《まみやのぶおき》へ届けられた。これに対する長崎奉行からの返答は、基本的にその報告を了解したうえで、死骸を三日の間さらして、身元の情報を募る札を建てておき、それ以上何もわからなければ土葬して処理してよい、というものであった。このように、村役人の詳細な吟味をもとに長崎代官によって報告書がまとめられたうえ長崎奉行に届けられ、長崎奉行から最終的な指示が示されるという手続きをとって、一件落着とされた。

浦上村山里による「御救」の申請

右に指摘したのは、どこにでもありそうな日常的事件が、キリシタンが多数存在した浦上村山里においても日常的に起きており、同じように処理されていたということである。次に確認したいのはこれまた当然のことながら、浦上村山里は近世村落としての機能を発揮して村民にその恩恵をもたらしていたことである。たとえば、極貧者や災害被害者への「御救《おすくい》」を村が申請していることに注目したい。『長崎代官記録集』には、極貧者に対する「御救」申請が四回、大風雨による被害者に対する「御救」申請が一回記されている。いずれも長崎代官から幕府（長崎奉行）に対する伺書のかたちをとっているが、長崎代官管轄下の長崎村・浦上村山里・同村淵の村役人の意向を受け、三ヵ村まとめて申請されている。

極貧者への「御救」は、現代でいう生活保護にあたるであろう。文化四年（一八〇七）四月付、同十四年三月付、万延元年（一八六〇）十二月付、文久三年（一八六三）四月付で、村の意向を受けて長崎代官から幕府（直接の申請先は長崎奉行所であろう）へそれぞれ申請されている。米を男七升・女五升ずつ、米一石につき銀五三匁替えの公定価格での支給であった。ただし、万延元年の伺書には、天保四年（一八三三）と同五年に正米で渡された例もあることが記されており、村民にとっては正米の支給のほうがよかったようである。というのは、公定価格より実際の米価相場のほうが高かったからであろう。右の万延元年の申請では、救済の意味が減じてしまう現金より正米の支給を求める旨、表明されている。また、文久三年の伺書には、毎年春秋二回の「御救」が申請されていたことと、その支給が滞っていることも記されており、このころは頻繁にこのような救済が求められていたけれども、それが十分に実現できていなかった様子も窺える。

この「御救」の対象は、田畑を持たない者や老人・障害者・病者など稼ぎが十分にできない者とされ、浦上村山里では文化四年と同十四年が三〇八人、万延元年は二九七人の人数が記載されている。文久三年の分は長崎村・浦上村山里・同村淵三ヵ村合計の人数のみの記載なので、浦上村山里一村分の人数は不明であるが、いずれにしても浦上村山里については三〇〇人前後の人数が対象となっている。ただし、この人数は実際に調査したうえではじきだされた人数ではない。なぜならば、文化四年と同十四年の伺書に記載されている人数は、三ヵ村それぞれの総人数・男女別人数、すべてまったくいっしょであるからである。この間、一〇年の歳月が経っているのにすべて同人数であるというのは奇妙である。検地帳の石高のように「御救」の基準値が設定されていたのではないかと考えるが、詳細はわからない。伺書には、村が長崎代官から「御救」の対象人数を減らすよう指導されていた旨の文言も見える。自助努力を促されていたということであるが、村役人としては、そうした努力をしてもなお救済が必要であるので「御救」をお願いしたい、とのことであったのだろう。

ここまで見てきたのは極貧者への「御救」申請であったが、災害が起きた場合、その被災者に対する「御救」の要請もあった。文久三年七月三日に大風雨があり、長崎村で一七軒、浦上村山里で九九軒、同村淵で一六軒、それぞれ潰れた家が出た。そこで村役人から「御救」の要請があり、極貧者への「御救」申請と同様にそれを受けた長崎代官が幕府へ伺書を提出した。この伺書によれば、家が潰れた者たちは田畑を所持しておらず、日雇い稼ぎや柴・茅・草花商売などで生活している、その日暮らしの者であるという。これも極貧者への「御救」と同じ趣旨で「御救」を求めていたことになる。いずれにしても、生活困難者のため村役人が「御救」申請に動いていたことが確認できよう。

出島の食用肉をめぐる浦上村山里の対応

浦上村山里では、出島へ食用肉を提供するという商売が行われていた。これをめぐって、天保十四年（一八四三）三月付と慶応元年（一八六五）閏五月付の二通の伺書が、『長崎代官記録集』に掲載されている。これらはいずれも、長崎代官高木作右衛門に宛てた、庄屋・散使《さんし》・乙名《おとな》・百姓惣代の連名による浦上村山里の村役人伺書である。

このうち天保十四年三月付の伺書によれば、この件は以下のような内容であった。浦上村山里では、出島のオランダ人が食べる豚や野羊《やぎ》を飼育のうえ屠畜してオランダ人に売り渡す商売があった。百姓の身分で屠畜をするのは「不仁」の行いであるばかりでなく、子どもたちが真似をして犬などを殺すようなことがあったりするなど村の「風儀」にもよくないので、前々から村の指導者一同は何とかしたいと考えていた。また、この商売に関わる者は農業を嫌い酒食を重んじるので、農業に精を出す者とは不仲であり、彼らが一時期困窮して先祖の年忌も弔うことができなくなったときには、「不仁」の商売のためであると噂された。しかし、この商売を継承する者が絶えたことはなく、この村では右のような問題をずっと引きずっていた。

そこで、風儀が悪くなるもとを改めるべく村役人を中心に村内で話し合った結果、天保七年に村内での屠畜は禁止することにした。ところが、この取り決めはオランダ人や唐人にとって重要な食用肉が確保できなくなることになるので、見直してほしい旨の申し出があった。オランダ人や唐人の食用肉の確保が滞ってしまうのでは、幕府が管理する貿易にも差し障りが生じるかもしれず恐れ入ることであるが、このままこの状態を放置すれば村にとっては風儀を改善することはできない。そこで村としては、村内で行うのは畜類を飼育することのみにとどめ、必要分を生きたまま出島に渡すことにして、屠畜は出島内でやってほしい旨、出島側へ伝えた。唐人屋敷へは前からそのようにしているので、出島へも同じ方法をとりたいということであった。もし屠畜が不馴れで困難であったならば、その勝手を知る者を村から派遣するとした。しかし、これでもやはり不都合であるとの反応であったので、次善の策としてこの商売に関わる者を三人程度に制限することにした、ということを天保七年に決定した。

それから七年後の天保十四年、この取り決めでは不都合が生じてきたので、これを見直したいというのがこの年に提出された伺書の趣旨である。やはり村内での屠畜がこの村の風儀を悪くしているとされ、飼育だけを許可することにしたいという。この商売に関わる者は出島への商売という口実を使って、長崎市中に売り出すために数百匹の豚や野羊を飼育しているのが現状で、商売人の人数が少なくても商売の規模が大きいので風儀が悪いのはなんら変わりはない、というのが村全体の意向であった。

この前年の天保十三年の冬、牛が殺された一件があって吟味を受けた者がいるということも記載されており、注目される。というのは、これはのちに二番崩れと呼ばれる事件ではないかと思われるからである。二番崩れは四回起こった一連の事件のなかでもっとも詳細がわからない事件であるが、天草崩れ（文化二年〈一八〇五〉が起こった天草でも同じ時期に似たような事件が起こっている。この問題については第二章で検討済みであるが、天草の場合は「薬喰」という名目で牛肉食が行われていた。おそらく、その牛肉は潜伏キリシタンの儀礼に使用されていたものと推察されるので、浦上村の場合も類似の使用例の可能性がある。もちろんこれを裏付ける史料がないので実際のところはわからない。しかし、こうした事件も含めて、風儀の改善のためには村内での屠畜を禁止することが必要である、との見解で村全体が一致していた。この村民の意向を受けて、村役人連名でこの伺書が提出されたことが重要である。

なお、この問題は慶応元年（一八六五）にも再燃して、同じ内容の伺書が再び提出されている。この再提出の趣旨は、安政六年（一八五九）の長崎開港後、外国人の居留者が増えたことによって畜類の取り引きが競合するようになったので、再び取り締まりを強化したいということであった。いずれにしても、村内風儀の改善のためには畜類の屠畜制限が必要である旨、村方一統の意志として表明されていることを確認できる。

浦上村山里の生活共同体

以上の結論としていえることは、「異宗」問題を抱えていたとはいえ、この村で日々生起する事件にはそのような性格を感じることはできないということである。この村で起きる日常的な事件はキリシタンが存在しなかった村で起きるそれと比較して、性格もその処理の仕方もほとんど変わらない。浦上村山里も近世日本に存在した村請の仕組みのなかで運営される村の一つであったから、当然といえば当然のことかもしれない。しかし、十七世紀前期以来この村の村民がキリシタンの宗教活動を何世代にもわたって継承し、最幕末に浦上四番崩れを引き起こしたという強烈な印象から、日常生活を含めてこの村の村民が関わるすべてのことがキリシタンに関わっていたかのように思い込まれている、というのがこれまでの印象ではなかったか。

注意したいのは、ここで検討した日常的事件が起きた時期が、断続的に起こった一連の「異宗」事件の時期と重なるということである。本書で見てきたように、これらの事件において疑われた宗教活動は、あくまで「異宗」「異法」であって「切支丹」とは認識されなかった。それでも、吟味の過程で信仰組織や活動の内容などが一定程度明らかにされ、一部宗教用具も没収されたから、吟味に関係した長崎奉行・長崎代官は村民の宗教活動が限りなくキリシタンに近いという感触を得ていたはずである。そして、庄屋高谷氏は村内の捜査を独自に進めて「異宗」吟味に協力していた。

そのような「異宗」問題が継続している状況において、他村とたいして変わらない事件が日々生起し、その際には他村と変わらない方法で処理された。場合によっては村役人が幕府に対して、貧困者や災害被害者への救済を申請したり、村全体の利害に基づき村方一統の意志を請願していた。「異宗」問題を抱えていた浦上村山里も他村とまったく同じく、村の枠組みは村民の生活を保障する組織としての機能を十分に発揮していたといえる。いわば生存のためのセーフティネットの役割を果たしていた。潜伏キリシタンの日常生活は、こうした村請制という仕組みのもとに運営される生活共同体としての村社会のなかで営まれていたのである。

そうだとすれば、一番崩れの際に村民が庄屋方の行動を「私欲」「強欲」と批判した理由が見えてくる。村民にとって「異宗」問題が明らかになるのは、もちろんそれが「切支丹」問題に発展することを恐れたという面もあっただろう。しかし、それ以上に「異宗」問題が進展すれば、生活共同体としての村の機能が失われる可能性があり、村民は庄屋方の行動について、村民の生活や生存を保障する村の秩序を破壊する悪質な行為と見なしたということではないか。それは天草でも同様で、先に検討したように、天草崩れにおける村方一統の「異宗」吟味への抵抗や今富村の村方騒動に典型的に表れている。

4　属性の重層性

重層的な共同体

ここまで、潜伏キリシタンが帰属した共同体について、信仰共同体としてのコンフラリアと生活共同体としての村社会に注目して、その重層的な実態を確認してきた。こうした視点で彼らの営みを理解することがいかに重要なのか、もう少し検討を加えたい。

潜伏キリシタンに限らず、宗教を考えようとするとき、まずその宗教活動や教義など宗教そのものが注目されるのは当然ではある。特に潜伏キリシタンの場合、厳しい禁制政策のなかで、どのような活動が行われていたのか、どのように活動を維持していたのか、なぜ発覚しなかったのか、という宗教上の問題が重要なのはいうまでもない。しかし、繰り返し強調するが、彼らはキリシタンという属性だけで生きていたのではない。

潜伏キリシタンの営為の意味を考えようとするとき、キリシタンとしての属性だけで見ようとすると、すべてキリシタンの問題に強引に結びつけて考えやすくなってしまう。一人の人間のなかには複数の属性が同時に存在しているのであるから、その人の営為の意味を評価するには、その人が保持しているある一つの属性だけでは説明できないはずである。にもかかわらず、宗教問題というとそのように発想しがちになってしまう。従来の研究はこの点に自覚的ではなかった。

日常を生きるためには生業を持たねばならぬ。また、厳しい近世社会のなかでは一人では生きられなかった。たとえば、村社会ならばその共同体の秩序にしたがわなければならない。要するに、彼らはキリシタン信徒であると同時に、それぞれの生業の従事者でもあり、村社会の一員でもあり、さらにほかの属性も併せ持っていた。この点を十分念頭に置いて宗教問題も考えるべきである。

つまるところ、潜伏キリシタンがなぜ幕末まで存続し得たのかという問いに対しては、彼らの強靱な信仰心だけでは説明したことにはならないのではないか、といいたいのである。逆に潜伏キリシタンはキリシタンとしての自覚がなく、単純に先祖からの慣習で信仰していたにすぎないという見解も、そもそもなぜ彼らは潜伏して活動していたのかという疑問に答えられないだろう。これらの問題を併せて彼らの営為の意味を考えるには、彼らが同時にまとっている複数の属性の存在を念頭に置くべきである。村請制という仕組みのもとで成り立っている村という生活共同体は、村社会の機能に依存して生活する近世百姓にとって生きるためには当然の前提であった。それは潜伏キリシタンにとっても同様である。そうした近世秩序に生きる百姓としての属性を併せ持ち、ときにはその論理を優先して檀那寺や鎮守の宗教行事に参加したり踏絵を踏んだりしていたというのが、潜伏キリシタンの営みであった。これこそが、厳しい禁教下でキリシタンを自覚しながら潜伏活動が可能であった理由なのではなかろうか。

なぜ潜伏が難しくなるか

そうだとすれば、コンフラリアという信仰共同体と村社会という生活共同体が同時にうまく機能している限りでは、潜伏状態を維持することは可能であった。しかし、どちらか一方でもその機能が失われるようになれば、潜伏の維持は難しくなっていく。

このうち後者の村社会は、一般的に十八世紀後期以降、商品経済の展開のなかで、上層の百姓と下層の百姓の格差が拡大した結果、すべての百姓が村の自治に平等な立場で参加するという状態が崩れていくことが指摘されている。村役人を務めつつ在郷商人として手広く商売をしながら土地を集積する上層百姓と、借金のため土地を手放すことが多くなる下層百姓との利害が一致しなくなるため、さまざまな矛盾や確執が起きるようになるというのが、近世後期における村社会の一般的な理解である。「異宗」事件が十八世紀末以降、断続的に起きていくのは、村社会という生活共同体が機能しなくなっていくことと無関係ではあるまい。浦上村山里の場合は、商品経済の展開のなかでのし上がってきた富裕層と庄屋高谷氏との間の確執が発端であり（一番崩れ）、天草の場合も、借金の繰り返しで土地の移動が

今富村（現・天草市）の鎮守十五社宮（今富神社）

頻繁に起こっていたことで生活共同体としての村社会が変容してきたことが、「異宗」事件発生の背景として想定できるであろう。

前者のコンフラリアについては、少なくとも「異宗」事件の吟味調書を見る限り、この問題が起こるまでは一定程度機能していたと思われるが、こうした事件によって多少とも打撃を受けたことは想像できる。キリシタンと非キリシタンとの間にも溝ができ、明治維新を経て公然とキリスト教の布教活動が展開するようになると、教会に帰属する者、先祖伝来の宗教活動を維持する者、非キリシタンの者、という村内における三者の深刻な確執が起きていくようになる。

第六章　重層する属性と秩序意識

1　キリシタン禁制と「仁政」

浦上一番崩れにおける大村藩からの二通の文書

前章では、潜伏キリシタンが信仰共同体としてのコンフラリアの一員であっただけでなく、生活共同体としての村社会の一員でもあったという事実に注目した。彼らは同時に複数の属性を保ちつつ、近世社会を生きていたのである。重層的な属性の存在を意識して人びとの営為を見つめることが、実態により近づける手段である。ただし、複数の属性はその人にとって同じ比重で存在しているのではない。潜伏キリシタンの場合、キリシタンという信仰者の属性と、村請制のもとに運営されている村の百姓という属性とは、「異宗」問題が断続的に発生した時期を含め近世期を通じて、表面的には後者が優先された。しかし、最幕末にはそれが逆転する。それが浦上四番崩れというかたちで表れた。本章は、この転回の過程を検証する。

まずは、寛政二年（一七九〇）に起こった浦上一番崩れに関わる二通の文書に注目したい。いずれも長崎歴史文化博物館に所蔵されている史料である。一通は一紙ものの文書で、その裏書きには「異宗大村領ニも在之哉《これあるや》ニ付、若《もし》大村之方御尋在之《これあり》候《そうろう》節之《せつの》為《ため》、内分ニて為承候《うけたまわらせそうろう》答」と記されている（この解釈は後述）。本文は「口述之手覚《こうじゅつのておぼえ》」の表題で始まっており、一つ書きによる箇条書きにはなっていない比較的短い文書である（以下、これを史料Aとする）。もう一通は表紙に「演述手覚《えんじゅつておぼえ》　幷応御尋申上候覚《ならびにおたずねにおうじもうしあげそうろうおぼえ》」と記された冊子状のものである。本文は「応御尋《おたずねにおうじ》様子次第申上候条々」の表題で始まっており、全八ヵ条から構成されるやや長文の文書である（以下、これを史料Bとする）。

　ところで、この事件は先に見たように、幕府領浦上村山里で展開した事件であったが、隣接する大村領浦上村にも飛び火した。大村藩もその対応に追われ、長崎奉行との間で情報がやりとりされたようである。ここで注目する二通の文書とは、この事件のさなか大村藩が長崎奉行へ提出したと思われるものである。いずれも長崎奉行所に保管され、長崎県立長崎図書館に引き継がれたあと、現在は長崎歴史文化博物館に所蔵されている。ここで直接検討するのは浦上一番崩れをめぐる大村藩と長崎奉行の対応ということになるが、この史料は近世後期、藩や幕府がどのような姿勢でこのような問題に向き合っていたのかを示すものとして、興味深い内容を含んでいる。

　この二通の文書にはいずれも「大村信濃守内《しなののかみない》横山元右衛門」の署名があるが、宛名を欠いている。しかし、長崎奉行所に保管されていたという伝来事情からすれば、長崎奉行所宛であったと考えるのが自然であろう。問題はだれが長崎奉行だったときのものかということであるが、史料Aの文中に「式部少輔《しきぶしょうゆう》様」が登場するのが手がかりとなる。これは史料Bの第七条に登場する「平賀式部少輔様」と同一人物で、寛政四年三月から同九年十一月まで長崎奉行を務めた平賀貞愛《さだえ》のことであろう(84)。

日付はいずれも「八月」とあるのみで年代を欠いている。しかし、史料Aの裏書きに、「異宗」が大村藩領にも存在するのではないかとの文言が含まれていることと、同じ史料Aの本文中に言及されている「別紙」とは文脈上、史料Bのことを指すものと思われる（後述）ことから、両通とも平賀貞愛が長崎奉行の任にあって幕府領浦上村山里の「異宗」問題の吟味を進めていた寛政四年から同八年までの、同じ年の八月に大村藩士の横山元右衛門によって作成され、長崎奉行所に提出されたものということになる。なお、横山は長崎に常駐して情報を集めたり長崎奉行所との折衝にあたったりする、長崎聞役《ききやく》という役職についていたものと思われる。

また、史料Bの第二条には「永井筑前守様《ちくぜんのかみ》」が死去したという記述が見える。この人物は、寛政四年閏二月に死去した永井直廉《なおかど》のことである。永井は同元年閏六月から長崎奉行を務めていた。史料Bの第七条には、例年のごとく大村藩が「去子十月」に幕府の宗門改役へ領内宗門改を実施した旨を報告した「一紙証文」を提出したとする記述がある。この「去子」は寛政四年のことである。したがって、この史料Bは寛政五年八月付で作成された文書と確定できる。文書に署名していた横山は「大村信濃守」の家中という肩書であったが、大村藩主で信濃守を名乗っていたのは、宝暦十一年（一七六一）二月から享和三年（一八〇三）一月まで藩主であった大村純鎮《すみしげ》だけである(85)。この点でも矛盾はない。以上のことから、史料A・Bは大村藩長崎聞役の横山元右衛門が、平賀貞愛の長崎奉行在任中の寛政五年八月付で、長崎奉行所に同時に提出した文書ということになる。

二通の内容

この文書はどのようないきさつで作成され、いかなる内容を持つものなのだろうか。それは史料Aの裏書きの文言が手がかりとなる。これによれば次のように読める。幕府領の浦上村山里で「異宗」問題が発生したので、隣接する大村藩領でも同じような宗教活動が存在しているかもしれない。そこで、大村藩に何か「御尋《おたずね》」、つまり詰問される可能性がある。これは、その場合どのように答えるべきか、「内分」に大村藩から長崎奉行所に知らせておくべき回答であるという。

この際、問題となるのは「御尋」はどこから来るのかということである。史料Aの本文冒頭で、「異宗」の件で「公儀」から大村藩に問い合わせがあったときどのように答えるべきであろうか、との問いがまず発せられているが、そもそもこの文言には違和感がある。九州の大名にとって長崎奉行所は幕府の出先機関として指導を仰ぐ存在であったから、大村藩にとって長崎奉行所は「公儀」そのものであったはずである。ところがこの文書によれば、平賀貞愛が長崎奉行の職にあってたいへん懇意にしてくれているので、「公儀」から問い合わせがあったとき不都合がないようにすり合わせておくべきことも必要なのではないか、と平賀から大村藩長崎聞役の横山へ内密に連絡が来たという。そこで、横山が国許家老にそのことを伝えたところ、家老によれば、この情報は内々に家老から藩主大村純鎮の耳にも入っており、平賀の申し出はたいへん親切なことでありがたく思っているという。つまりこの文書では、「異宗」の件で「公儀」から大村藩に問い合わせがあったときどのように対処するべきか、長崎奉行所と大村藩との間で打ち合わせが必要だと長崎奉行である平賀のほうから申し出があったということであるから、この文書にいう「公儀」とは長崎奉行所ではないことになる。ではこの「公儀」とは誰のことをいうのか。答えは、江戸にいる幕府の中枢の役人以外にない。

この文書によれば、大村藩にも「異宗」が存在しているのではないかとの問い合わせにどのように対処するかは、別紙に大意を記して提出するとしている。その別紙が史料Bである。そして、その内容はこれまで平賀に伝えていなかったことも含まれているとされ、これによって江戸からの問い合わせに対する回答に矛盾が起こらないようにしたということだろう。

さて、その別紙の内容はどのようなものであったのか。史料Bの冒頭部分では、古老の申し伝えとして浦上はかつて「切支丹寺」による支配のもとにあったとする。そのうえで、続く第一条・第二条において、過去に「切支丹」宣教師の支配下にあったという事実から、大村藩では厳重に宗門改を実施してきたという。また、大村藩がこれまで宗門改を厳重に実行してきたことを強調するのは、明暦三年（一六五七）に領内で郡崩れと呼ばれるキリシタン露顕事件が起こったという事情があった。吟味を受けた六〇〇人余のうち、四〇〇人余が処刑されたこの事件は、大村藩のその後の支配に大きな影響を及ぼした事件であったに違いない。史料Bでは第一条と第八条でこの郡崩れのことに触れ、今回の「異宗」事件の吟味にあたっては郡崩れの記録を参考にしたことを述べている。

そのうえでこの史料Bでは、近年「御蔵門徒《おくらもんと》」や「新後生《しんごしょう》」などという浄土真宗の〝異端〟とされる宗教活動がさかんであることに触れ、それに紛れて「異宗」が登場してきたのではないかと推測している。したがって、いま問題となっている「異宗」は、慶長末から寛政期までの約一九〇年間に「切支丹」の名残が継続していて伝わってきたものではないと述べる。これがこの「異宗」問題に対する大村藩の基本的姿勢である。つまり、「異宗」の件で江戸の幕府要人から問い合わせがあった場合、それは「切支丹」とは無関係であるとの立場を取る旨、ここに表明しているということである。

「異宗」をめぐる大村藩と長崎奉行の思惑

確かに一〇六〜一〇九頁で見たように、大村藩近隣の肥前国基肄《きい》郡・養父《やぶ》郡にある対馬藩田代領では隠し念仏がさかんで、元禄期と宝暦期にはその宗教活動を問題視する事件が起きていた。「御蔵門徒」「新後生」などという文言は、実際この時期に、こうした真宗の〝異端〟をめぐる問題が各地で発生していたことが影響したに違いない。これに限らず、十八世紀以降十九世紀前期にかけて、民間信仰や既成宗派の異端的活動が問題視されるケースが増えてきたのも、本書で見てきた通りである。

潜伏キリシタンが世俗秩序へ埋没したことともに、「切支丹」と異端的宗教活動との境界が曖昧になっていったことは、史料Bの第二条の末尾にも類似の指摘がある。大村家中・領民の子孫がみな不孝不忠の罪に問われないよう、日頃の行動が怪しい者まで目を光らせなければならないとされ、そのために大村藩では特に厳重に宗教統制を徹底してきたという。大村藩は郡崩れの影響により「切支丹」を取り締まるといいながらも、同藩が怪しいと見込んだ宗教活動全般を規制の対象としていたことがわかる。

十九世紀に入ると、大村藩に限らず権力にとって怪しげな異端的宗教活動を取り締まろうという傾向はますます顕著になっていった。文政期には京・大坂で民間信仰を独自にアレンジした呪術的行為を行っていた豊田みつきらが捕縛され、「切支丹」として処刑されるという事件が起こったことも前に見た通りである。

一方この時期は、宣教師時代以来の系譜を継承する潜伏キリシタンの存在が、「異宗」と呼ばれて問題化する事件が断続的に起きたものの、最終的にはいずれも「切支丹」とは判断されずに処理された。浦上一番崩れはその最初の事件であった。この事件が発覚したとき、大村藩は長崎奉行から情報を提供するよう求められ、そのときの調査で、同藩領浦上村の吉兵衛・勝五郎・次平・利平が幕府領浦上村の者から「異宗」の誘いを受けていた情報をつかんだ。そして、大村藩領内にも「異宗」問題に関係していた者がいたことを長崎奉行所に報告していたものと思われる。

実は長崎奉行所が保管していた史料群[86]のなかに、「浦上村小左司《こさじ》吉兵衛相糺《あいただし》申口覚《もうしくちおぼえ》」との表題がある覚書がある。年代・作成者が不明であるが、この史料の本文中で「大村領浦上村」と断らず単に「浦上村」というように(87)吉兵衛らの村を記していることと、この史料がもともと長崎奉行所に保管されていたことから考えて、この史料は大村藩が吉兵衛らを吟味して作成し、長崎奉行所へ提出したものと思われる。また、これに関連して、寛政四年（一七九二）二月二日付の吉兵衛による「起請文之事写《きしょうもんのことうつし》」という文書が残されている。これは以後「異宗」には関わらないと誓約するものである。幕府領浦上村山里の前庄屋高谷永左衛門が長崎奉行所に提出した、村内「異宗」の内偵書の日付が寛政三年十二月四日であったから、長崎奉行所が再びこの件で動き始めたのがこのころからだと推測すると、右の「浦上村小左司吉兵衛相糺申口覚」は寛政三年末から翌年二月二日までの間に作成されたものと考えられる。

　右の覚書によれば、吉兵衛は幕府領浦上村の彦左衛門・七太郎・好兵衛から「異宗」を強く勧められたので、断り切れずに仲間になったという。しかし、判断を誤って「異宗」の活動に加わってしまったことを後悔しているとし、本心に立ち帰ってすべて白状すると申し述べたとされる。右の起請文はそのことを証明するために書いたものと思われる。

　この大村藩の吟味は、長崎奉行から大村藩へ「異宗」について問い合わせたことに対応する行為であったのだろう。大村藩のこの報告を受けて、長崎奉行は自身で直接吉兵衛らを吟味するため彼らを長崎へ召喚し、寛政四年二月八日付で大村藩用達《ようたし》の品川丹右衛門《たんえもん》に預けた。長崎奉行所による吟味では、吉兵衛は茶碗に水を入れて木の葉で十文字を認《したた》めたとか、

「さんたまりや」と唱えたとか証言していることから、大村藩・長崎奉行は一定程度その活動内容を把握していたものと思われる。ただし、「切支丹」の語は使用されておらず、あくまで「異宗」の範疇で把握されていたといえるが、大村藩と長崎奉行は支配領域を越えて潜伏キリシタンがいるとの確証を得ていたはずである。

しかし、大村藩と長崎奉行は彼らを「切支丹」とは認めなかった。史料Bの第五条は次のようにいう。このたび大村藩から長崎奉行所に対して報告した大村藩領浦上村の百姓三人は、「異宗」を勧められてひとたびその宗旨に傾いたが、大村藩の宗門奉行によって踏絵を実行したことで、どこにも不審の点がないことが確認できたという。そのうえ彼らは、檀那寺の決まり事に背かず、神事や仏事も怠らず、領主への年貢・公役なども滞ることがないので、大村藩としては彼らを見咎めて「邪宗門」の者と断定することはできないとする。「御蔵門徒」や「新後生」などという印象もあるが、その内容はまったく不明であるという。

なお、初め「摘発」されたのは四人であったが、このうちの利平がその後、吟味から外されたようである。先の「浦上村小左司吉兵衛相糺申口覚」によれば、利平は「異宗」を勧められたことは事実だがまったく承知せずに逃げ去ったとのことであったので、大村藩では問題にされなかった。

いずれにしても、「異宗」に傾いたとされる吉兵衛らは少なくとも表面的にはどこにも問題はなかった。むしろ彼らは世俗秩序に従順な百姓であったから、大村藩は、「切支丹」として処理するほうがかえって秩序を維持できなくなると判断したのだろう。こうして大村藩・長崎奉行は、「異宗」を実践している人びとがキリシタンであると予測しつつも、最終的には「切支丹」として処理しなかった。

大村藩と長崎奉行の暗黙の了解

ここで検討した史料A・B二通の文書は、大村藩領と幕府領とで「異宗」が存在していることを前提に作成されたといえる。「異宗」はキリシタンのことであったから、大村藩と長崎奉行はその地域にキリシタンが存在していることを確信していながら、彼らが少なくとも表面的には百姓としての役割を果たしていることを理由に、暗黙裡に「切支丹」はもちろん「異宗」も存在していないことにしたということである。寛政八年に一番崩れが決着したときの、「異宗」さえ存在しなかったとの結論は、こうした大村藩と長崎奉行のすり合わせという前提のもとでの判断であった。この二通の文書における大村藩と長崎奉行の暗黙の了解は、幕府に報告されることはもちろんなかった。

逆に、標的とされた者たちが百姓としての役割を果たしていないと見なされた場合には、その者たちの怪しげな宗教活動が当局によって問題視された。たとえば先述した、宝暦期に対馬藩田代領で隠し念仏が問題視された一件で、判決にあたって対馬藩から関係者へ教諭として申し渡されたのは、以後「農業専一」「農業一筋」に励むことが肝要であるということであった。百姓に不似合いの宗教活動にのめり込んでは困窮に陥る、というのがその趣旨であった。また、文化九年（一八一二）に天草の今泉村で浄土真宗の〝異端〟が問題とされた一件（八四〜八六頁参照）では、庄屋から派遣された間者の証言ではあるが、このような宗教活動に没頭すると、農業を怠って年貢を納めることができなくなるかもしれない、との懸念が示されている。

右の二件はいずれも筆者のいう異端的宗教活動の範疇に入るものといっていいが、これらの事例が「切支丹」と異端的宗教活動の境界が曖昧になって、両者が接近していったことを背景に起きていることは前に見た通りである。これらの事件では、キリシタンの宗教活動のどこにどんな問題があるかというよりも、百姓が怪しげな活動にのめり込むことによって生業を疎《おろそ》かにし、百姓としての役割を果たせないことが問題視されているのである。

本書でしばしば言及しているように、幕藩体制と呼ばれる近世日本の支配体制は「仁政」を媒介に治者と被治者の恩頼関係によって成り立っている、というのが通説的理解である。領主は「仁政」を領民に施す「仁君」「明君」として、領主にしたがう家臣（武士）は「仁君」「明君」を支える役人として、それぞれ振る舞い、領民は領主とそれを支える家臣たちによる「仁政」に寄りかかって百姓の経営維持を求める。領主が領民から年貢など諸負担を徴収することができるのは、「仁政」を前提としているからである。

したがって、少なくともこの前提が信じられている限り、民衆があえてこの体制を崩すことを求めることはないし、幕藩領主の支配の正当性も保たれていたといえる。「異宗」の者たちが支配秩序に従順であったのは、村請制を前提とする村社会の一員としての属性を優先させるとともに、幕藩領主の「仁政」の枠組みのなかで百姓経営の持続を当然のこととして求めていたからである。

幕藩領主は、「仁政」を標榜する立場に立つ以上、たとえ表面的にではあれ「仁政」に寄りかかって生活を維持しようとする潜伏キリシタンを、秩序を乱すイメージが増幅された「切支丹」として処罰することはできなかった。つまり、幕藩領主が積極的に潜伏キリシタンを摘発することがなかった背景の一つには、治者である幕藩領主と被治者である百姓が「仁政」を媒介に恩頼関係を維持していたという事情もあったのである。

2　信仰隠匿から信仰表明への転回

信仰隠匿段階の秩序意識

これまで確認してきたように、潜伏キリシタンの宗教活動はあくまで地下活動として行われるとともに、その生活は現世の世俗秩序に埋没していたから、彼らは少なくとも表面的には模範的な百姓であったといってよい。先に見た浦上一番崩れに関わって、大村藩から長崎奉行所へ伝えられた報告のなかで、「異宗」を疑われた者は檀那寺の宗教活動も神事・仏事も怠らず、領主への年貢・公役も滞りなく収めていると指摘されていることや、天草崩れに先だって島原藩から幕府への伺書に、「異宗」信仰の疑いがある者たちは村方の害になるようなことはなく、毎日整然と家業に励んでいるとされたことに、それは端的に示されている。だからこそ幕藩権力は、余計な穿鑿《せんさく》をして無理矢理「切支丹」を摘発するよりも、そのまま放っておいたほうが秩序維持には有効だと考えたのであろう。それが、最幕末の浦上四番崩れを除いて「切支丹」はいないと判断された、もっとも大きな理由である。

一方、現実の潜伏キリシタンは世俗の村社会に生きる近世百姓としての属性を優先して、キリシタンとしての属性を隠匿しつつ堅持した。このような宗教活動の隠匿は、この教義内容と表裏一体の関係にあったといえる。たとえば、浦上三番崩れの際、長崎奉行所にて吟味を受けた惣頭の吉蔵は次のように証言している。すなわち、「異宗」を信仰する者は、現世において田畑からの収穫が豊かに見込める、諸事うまくいく、さまざまな願望がかなう、幸福や利益がもたらされ長寿も保障されるというばかりでなく、来世においても親・妻子・兄弟みな「ハライソ」（パライゾ＝天国）に再生することができ、無限の楽しみを得ることができると伝えられてきたという。このように、先祖から伝えられてきたこの宗教は恵み深いものである故、一途に「ハンタマルヤ」（サンタマリア）や「アメンジユス」（アーメンイエズス）と唱えてきたとも証言している。つまり、現世利益と来世救済の二つが保障されるというのである。ここで特に注目したいのは、前者の現世利益である。浦上村山里の信仰共同体ではその成就を願う活動を、組織として行っていたことが吉蔵の証言から確認できる。吉蔵によれば、毎年四季の土用中に五穀豊穣・国土安全報恩を願う祭事を行うほか、必要に応じて雨乞い・流行病退散の祈願や特別に頼まれたことまで、現実世界の幸福を願う祈念を行っていたという[88]。

また、天草崩れでも似たようなことが証言されている。「異宗」の信仰理由について大江村の嘉助は次のようにいう。天草の「異宗」の暦法では四九日間の「かなしみの入」という期間があり、それは霜月の祭日（クリスマスにあたるものと推測される）から五五日後以降のことをいう。それは苦行を実施する期間であり、その間の精進の理由は現世の人々が悪事や災難を受けないようにすることと、来世の人々が早く天上に行けるようにするためだという。ここにも、現世利益と来世救済の二つの願望を求めて「異宗」の宗教活動が行われていたことを確認できる。

宣教師が活動していた十六世紀後期から十七世紀初期、キリシタンのもっとも重要な教義として説かれていたのは「後生」を救ってくれるのはキリシタンの神デウスのみである、ということであった。もちろん、宣教師時代においても現世利益的な願望がキリシタン入信者になかったとはいえない。特にキリシタンに接近した戦国大名のなかには、ポルトガル商人との貿易を有利に進めて鉄砲などを入手するためにキリシタンになった、という者も少なくなかった。大名でなくても、現世利益を求めてキリシタンに入信した者がいたことも事実だろうが、それでも来世救済を説くのがキリシタン宣教師のもっとも重要な任務であり、来世救済こそがキリシタンの教義の核となるものであった。

これに対して、潜伏状態を継続していたキリシタンは来世救済とともに現世利益の期待を持ってその宗教活動を行っていた。この点に関して、右に見た浦上村山里の吉蔵の興味深い証言がある。吉蔵によれば、自分たちの宗教を他人へ洩らすのは「天機《てんき》」を洩らすという罪になったという。それは、創造主である神の機密を洩らす重大な罪という意味であったのだろう。そういうわけで、万一この宗教活動が発覚してもその吟味を「宗旨の修行」と認識し、隠匿を貫こうとした[89]。もしこの宗教活動の存在が明確になり厳しい吟味が行われた結果、彼らの宗教活動が保障されなくなれば、そのような現世利益そのものが保障されなくなってしまう。そのためにも隠し通すことが必要であった。

ただし、それは近世秩序による生活の保障があってこそである。村請制による村社会のセーフティネットと「御救」に代表される幕藩領主による「仁政」、という近世秩序を支える構造上の仕組みが十分に機能している間は、キリシタンの潜伏状態は維持された。潜伏キリシタンは現世利益と来世救済の両方を宗教的願望として追求しており、少なくとも表面的には前者を優先していたことになる。

信仰表明と秩序意識の転換

このように、三番崩れの段階まで潜伏キリシタンが、その信仰を隠匿しつつ現世利益と来世救済とを同時に期待してキリシタンの宗教活動を行っていたのは、近世秩序の枠組みのなかですべての願望を満たそうとしていたからである。ところが、四番崩れの段階ではこれが大きく変化した。目に見えるかたちとしては信仰隠匿から信仰表明へ転回したということであるが、問題はそれがなぜ起こったのかということである。

その理由について、かつては在留外国人のために建設された大浦天主堂が彼らの前に現れ、七代にわたって待っていた宣教師が登場したことのみに求めていた。潜伏キリシタンに伝えられていた伝承には、日本人伝道士バスチャン（十七世紀中ごろに殉教）の予言によれば、七代後にコンヘソーロ（告白を聞く神父）が黒船に乗ってやってくるとする話があったという[90]。長い間待ち望んでいた宣教師が本当にやってきたことで、キリシタンの信仰心が高揚して信仰表明に至ったというのは確かにあり得ることだと思う。

ただし、信仰の表明は彼らにとって命がけであった。事実、幕府が倒れたあと、キリシタン禁制政策を継承した明治政府によって諸藩に配流された三〇〇〇人以上の浦上キリシタンのうち、六〇〇人以上が配流地で死亡している[91]。三年以上にわたる配流地での生活はたいへん厳しいものであった。宣教師の登場によって信仰解禁が近いと彼らが感じたとの理解は、あまりにも単純すぎる。キリシタン禁制は何ら緩められていなかったのであり、その信仰表明はすなわち死罪となることを覚悟していたと見るべきである。信仰表明という命がけの行動は、宣教師の登場という外在的な理由ばかりでなく、彼らの内在的な意識の変化の表れであったと考えなければならないのではないか。

そこで、四番崩れの吟味の記録を見て気づくのは、来世救済願望が突出していることである。四番崩れにおける彼らの主張のなかに、キリシタンに期待することとして現世利益の追求はほとんど見えない。キリシタンの宗教活動を行うのは来世救済を実現するためであるというのである。

たとえば、慶応三年（一八六七）四月十八日付で長崎代官高木作右衛門が長崎奉行所へ提出した報告書に添付された、村民の申し立て書には次のようにある。私たちには先祖から申し伝えがあり、それによれば来世の救済を保障してくれるのは「天主教」（キリシタン）だけである。これまでは幕府の大法であったので、仕方なく檀那寺の聖徳寺《しょうとくじ》（浦上村山里村民の多くが檀那寺としていた浄土宗寺院）の指導を受けてきたけれども、今後それはできない。人間には「アリマ」（アニマ＝霊魂）という魂があって、死後は極楽というありがたいところへ生まれ変わると大浦天主堂の宣教師は諭してくれる。檀那寺もその他の寺も何宗に限らず仏教寺院では、霊魂の救済を実現してはくれない。キリシタンだけが唯一来世の救済を実現してくれるというのである。また、同年六月付で同じく高木作右衛門が江戸の勘定奉行所に提出した届書にも、同様のことが記されている。村民は、檀那寺の僧侶から引導を渡されるのでは死者の魂は助からず、来世で救済されるのに妨げになると申し立てていた(92)。

大浦天主堂。長崎市南山手町

このように、四番崩れにおける吟味では、キリシタンの信仰理由について来世救済願望が突出して主張されていたことを確認できる。現世における利益追求を後退させ、来世における霊魂の救済願望を高めたキリシタンにとって、檀那寺へのかたちだけの帰依は耐え難いことであっただろう。信仰表明によって現世における罰を受けたとしても、来世における霊魂の救済が実現されるとすれば、来世救済願望の高揚した彼らにとってそれこそが望むところであったに違いない。隠匿から表明へという信仰態度の転回は、来世救済願望の突出というキリシタンの内在的な信仰意識の変化によるものであった。

潜伏キリシタンの内在的な変化を後押ししたもの

それでもなお、そのような内在的な変化を後押ししたものは何かという疑問が残る。それを明快に示す史料はもちろん存在しない。しかし、本書のこれまでの検討においても手がかりがないわけではない。彼らがキリシタンの信仰を隠匿し続けてきたのは、厳しい禁教政策のためという外在的な条件があったことが第一義的な理由であるが、内在的な条件に関わることとしては、彼らが複数の属性を同時に持っていたことに注目すべきである。

彼らは檀那寺の宗教活動や鎮守・民間信仰の活動、踏絵への対応など表面的には多様な宗教活動のなかで生活していたが、死者を弔う読経の際、経消しの儀式を同時にやっていたことが知られているから、宗教活動としては確かにキリシタンとしての属性を優先していたといえる。ただし、彼らの属性がキリシタンばかりでなかったことはこれまで本書で指摘してきた通りである。キリシタンという属性のほか、彼らは生業や性別、家のなかの立場など個人によってさまざまな属性を併せ持っていたことを念頭に置きつつ、ここでも注目したいのは村請制を前提とした村という組織の一員という属性である。

先に見た通り、キリシタンが存在した村も当然のことながら近世村落の特徴を十分に備えていた。事件が起これば村役人を中心に処理される、年貢・諸役の納入に行き詰まれば個人の責任で済ますのではなく村として対応する、災害や飢饉が起これば公儀に救済を求める手続きが施される、などというように、キリシタンが存在した村は、彼らが存在したからといって村の日常が特別なものであったのではなく、ごく普通の近世村落としての機能を十分に発揮して村民の生活を支えた。これによって、一定程度村民の生活が保障されている限り、彼らは隠匿しながら保持している自らの信仰を積極的に表明する必要はない。村が村民の生活をささえている状態は、キリシタン信仰への期待の一つである現世利益の追求と合致するから、この点でも彼らの意識のなかに矛盾はない。こうして、村請制のもとで村民の生活が保障される限り、キリシタンは重層する属性のうちの村民としての属性を優先して、キリシタンの属性は潜伏状態が保たれていたのである。

一方、非キリシタンにとっても、村請制の機能を持つ村社会という枠組みはキリシタンと共存するうえで重要であった。もしキリシタンが「異宗」ならまだしも、「切支丹」として処理されることになれば、処罰の対象は村民の多くに及び、村の機能が麻痺することになるのは容易に想像がつく。天草の場合は、同一家族のなかにもキリシタンと非キリシタンが混在していたから、非キリシタンが親族の情愛によってキリシタンの宗教活動を見て見ぬふりをしていたというのも考えられないことではない。しかし、それ以上に村のレベルで考えたときに、村の機能の停止はキリシタンはもちろん非キリシタンにとっても死活問題であったから、村社会という枠組みを維持するためにもキリシタンは放って置かれた、というのが実際のところであったものと思われる。村社会においてキリシタンが存在することは自明のことであったであろうが、世俗秩序を維持するためにキリシタンの存在は許容されていたといえる。

そうだとすれば、キリシタンが潜伏状態をやめて積極的に信仰を表明するという行為は、彼らがそれまで優先していた属性の帰属意識が後退したということを意味する。それは、村請制によって村民の生活が保障されていた村社会の機能が十分に期待できないと観念されたときに起こった、と考えられるのではなかろうか。もちろん、浦上村山里の場合、三番崩れが起こった安政三年（一八五六）から四番崩れが起こった慶応三年（一八六七）の一〇年余の間に村の機能が急速に停止したというのは考えにくい。ここでは、三番崩れから四番崩れの間に突然そのようなことが起こったといいたいのではなく、村社会の機能が機能不全を起こしつつあったのは長い時間をかけて少しずつ進行していった結果であることに留意したい。

そもそもキリシタンが存在した地域において、十八世紀末以来、「異宗」問題が起こっていったのは、商品経済の活発化のもと上層百姓と下層百姓の格差が広がって、村民が平等に村の自治に参加できる態勢が後退していったという、村社会の変化がその背景にあったと考えるべきである。事実、前章で見たように、天草では百姓相続方仕法をめぐる動向が展開した時期に重なるし、浦上では一番崩れの契機が村内富裕層と庄屋方との対立にあった。ただし、この場合は村民一般が「異宗」を信仰しているとされた富裕層を擁護して庄屋方の非法を糾弾したから、百姓の格差拡大から起こる一般的な村内対立とは異質な性格の事件であった。庄屋方は村を運営するうえで障害となる原因を、商品経済の展開のなかで浮上してきた一部の富裕層と異端的宗教活動の問題として対処しようとしたのではないか。

いずれにしても、村役人や支配役所のような秩序を維持しようとする側の人びとにとって、この時期のもっとも大きな関心事は、格差社会の到来のなかで、さまざまな問題が起きてきている村社会の秩序をどのようにして維持していくか、という点にあった。地域秩序を維持していくためには怪しげな異端的宗教活動が障害になる、と認識され始めたのが「異宗」事件の契機であったと考えるのが合理的であろう。これは支配層の側の動向であるが、キリシタンにとっては、徐々に現実社会の生活の維持が困難な状況を自覚しつつもそれでも三番崩れが起こった安政三年までは、村社会のセーフティネットの機能が生活を維持するために必要であるとして認識されていたのだろう。

ところが、安政六年（一八五九）の長崎開港を経て物価の騰貴が進んだことから、ますます下層百姓にとって経済状況は悪化した。こうして慶応期（一八六五〜六八）になると彼らの感覚としてはすでに機能不全に陥りつつあった村社会に期待するよりも、既存の枠組みでは幸福を得られないとの実感のほうが上回っていったと考えられる。

この間、在留外国人のための教会として大浦天主堂が建設され、現実の宣教師がやってきたことが刺激となったことも右の感覚を後押ししたのではないか。彼らの目の前に宣教師が現れて信仰心が高揚したというのももちろん信仰表明の条件として無視できない。それとともに、現世利益を保障してくれる村社会が機能しづらくなってきているという現実が、彼らの内在的な変化を促したということである。

事実、前章で見たように、「御救」が村によって申請されながらもその支給は滞りがちであった。また、出島のオランダ人の食肉用に村内で行われていた豚・野羊を飼育したうえ屠畜して販売する商売を、村方一統の意志として規制しようとしていたが、村は結局それを実現できなかった。いずれにしても、村社会の機能が村民の生活を必ずしも保障しなくなったことが、村請制を前提とした村民の一員という属性の意識を後退させ、それに代わってキリシタンとしての属性のほうを優先させることになった。信仰表明という彼らの行動には、このような重層的な属性の比重の変化がその背景にあったのではないか、というのが筆者の見通しである。

そしてそれは、それまで維持されていた村社会の枠組みが破壊されることを意味した。キリシタンと非キリシタン混在の村社会において、それまで宗教的確執がほとんど見られなかったのは、村請制という近世村落の機能のもとにその村民としての属性が優先されていたからである。その近世村落が機能せず、その村民という属性が後退した以上、宗教上の属性が優先されていくことは目に見えており、そうすればそこから派生する問題も起こっていくことになる。次にその点について検討してみよう。

3　村社会における宗教的確執

村内不和の顕在化

信仰を表明した浦上村山里のキリシタンに対する処分は、幕府が倒れたあとキリシタン禁制政策を継承する明治政府に引き継がれた。当初から政府内で一致した方針があったわけではない。処刑するべきであるとする強硬な意見もあったが、最終的には棄教の説得に応じない者すべてを諸藩へ配流することになり、明治元年（一八六八）から翌二年にかけて実行に移された(93)。

この処分に抗議する西欧列強に対して、明治二年十二月三日付（草案）の各国公使宛の書状で外務卿澤宣嘉《さわのぶよし》・同大輔《たゆう》寺島宗則《むねのり》は、総配流の理由を次のように説明した。キリシタンをそのまま村に放置しておくと、他の百姓との間で不和となってしまうので、ひとまず彼らを引き離したい。しばしば徒党の争論が生じてしまうので、民政上不都合であるという。十二月十五日付各国公使宛の澤・寺島の別の書状では、村中が不和になる理由はキリシタンが神社を侮辱するからであるとして、彼らの居所を移して教諭するほかないと説明している。

また、別の機会でも外務大輔の寺島は類似の発言をしている。それは、明治二年十二月十八日に、右大臣三条実美《さねとみ》・外務卿澤宣嘉らが米英仏独の各国公使と面会したときのことである。寺島がいうには、商家が少ない村では、たとえば水が不足している人に水を与える代わりに、こちらが不足しているものを求めるように、互いに不足する物を補って生活している。しかし、キリシタンに入信しなければこのような互助のシステムに加わることができないので、仕方なくその宗旨に入っている者もいる。これこそキリシタンと非キリシタンとの間で紛争が起こるもとであり、こうした不和が最近増してきているという。

いずれにしても明治政府は、浦上キリシタンの総配流に抗議する西欧勢力に対して、キリシタンと非キリシタンとの不和による村内の混乱を回避するための処置である、と説明していた。これは西欧勢力に対する単なる言い訳にも思えるが、村内不和を恐れる政府の論理はまったく根拠のないことではなかった。この事件が起こった当初から、そうした傾向があったことは確かである。

慶応三年（一八六七）六月付で庄屋高谷官十郎が長崎奉行所に提出した探索書には、浦上村山里ではキリシタンのほうが多数であるがその信仰について半信半疑の者もいるといい、キリシタンに加わっていないと村民同士の交際も困難になるので、やむを得ずその仲間に加わっている者もいるとされている。また、慶応三年六月十九日付で長崎奉行徳永石見守《いわみのかみ》が幕府に提出した報告書にも、キリシタンと非キリシタンとの間は水と火のような不和の状態であり、なかには夫婦や親戚の間でも断絶状況になっている者もいると指摘されている。

次の事例は隣村の浦上村淵の例であるが、実際、慶応三年六月二十三日付で長崎奉行所に提出された同村庄屋志賀禮三郎《れいさぶろう》の覚書にそのような具体例が見える。たとえば、キリシタンであったしもという女性が非キリシタンの夫久蔵と、しもの実家の兄市松との縁を切られたことや、当時重病だった非キリシタンの勝平に対して食事や薬も与えなかったよねというキリシタンの女性とその子が縁を切られていることなどがそれである。家族や親族の間でも、キリシタンと非キリシタンの確執が深刻であったことがわかる。さらに、明治三年一月付で長崎県権大属《ごんだいぞく》尾上與《おのえよ》一郎《いちろう》が政府に提出した探索書では、村内不和の状況を次のように表現している。キリシタンと非キリシタンが互いに、自分の宗旨を「白組」、相手の宗旨を「黒組」と唱えて、双方絶え間なく混乱した状態になっているという。

こうした村内不和の状況を背景に、村社会ではさまざまな事件が起こっていった。慶応三年四月付で庄屋高谷官十郎が長崎奉行所に提出した探索書には、次のような事件が報告されている。浦上村字岡というところに聖徳寺末の観音堂があって、その僧のもとへキリシタンが多数押しかけてきた。そして彼らは、観音堂の僧に対してキリシタンに改宗するよう申し入れ、もし同意しないならば殺害すると脅迫したので、その僧は恐怖のあまりその場では仕方なく同意した。そればかりでなく、彼らは観音堂の本尊やその他の仏像もみな残らず破壊するよう申してきたので、その僧はたいへん驚いたが、何とか言い繕って彼らを帰し、その場をしのいだ。そこでその僧はその夜に聖徳寺へ行ってこのことを報告した。このようなことがあったので、その後この観音堂は明堂にしておくことになった。そうしたところ、キリシタンがまたこの観音堂にやってきて、この観音堂を密かに取り壊そうとしたが、それが実行される前に非キリシタンがそれを防ぐ手配を施していたので、この観音堂は破壊されずに済んだ。

慶応三年六月十九日付で長崎奉行徳永石見守が幕府に提出した報告書には、次のような事件もある。同年同月にキリシタン六八人が逮捕されたあと、その残りの者五〇〇人程が竹木を持って庄屋高谷官十郎宅へ押しかけた。彼らは、知らせを受けて庄屋宅にかけつけた役人に対して、捕らえられた六八人の釈放を要求した。これに対して役人は彼らを申し諭して穏やかに引き取らせたが、このままでは彼らがどのような行動をとるかわからないとして警戒を強めている、という。

明治元年六月には、次のような事件も起こっている。綿打ちを生業としていた本原郷字野中の徳平という者が、キリシタンを棄教しようと庄屋方へ届け出ようとした。そうしたところ、圓五郎《えんごろう》という者をはじめ近辺の者が大勢で徳平を打ち殺そうと申し合わせて彼の帰路を待ち受け、彼が帰ってきたところを打擲《ちょうちゃく》した。徳平は何とかその場を逃げ去ったが、自宅へは帰れない状態になった。そこで彼は庄屋方に身を寄せ、一〇日ほど厄介になった。

また、近隣の伊万里《いまり》でも類似の事件が起こっている。この地では明治四年十一月にキリシタンが捕らえられ、佐賀の牢へ投獄された。西欧勢力から抗議を受けたことに対して、伊万里県大属石橋家九郎の報告書は村内不和をやはり問題にしている。

右の事件はすべて、四番崩れを契機にキリシタンと非キリシタンとの間に大きな亀裂が生じていたことを示す事例である。村社会ではこのようなキリシタンと非キリシタンの確執が深刻化していた。

信仰表明段階の秩序意識

次に検討したいのは、信仰を表明したあとのキリシタンの秩序意識についてである。彼らの行動はどのような秩序意識によって支えられていたのか。

先に、潜伏キリシタンがその信仰を公に表明したことについて、潜伏状態のもとでは現世利益と来世救済を同時に並立して求めていたが、来世救済への願望を突出させたことによって信仰表明にいたった、と見通した。それは、配流先での吟味においていっそう顕著に表れている。以下に見るように、キリシタンの信仰を貫こうとした信徒たちの主張には現世利益への執着はほとんど見られず、彼らはもっぱら来世救済への願望を強調した(94)。

たとえば、福山での教諭問答において、彼らの一人は次のように主張している。現世は一時的にとどまる世界であるから、そこでの苦しみはほんのわずかの間のことである。それに対して、来世における安楽は限りがない。このような来世の救済を実現できるのは、キリシタンのみである。その理由は、天地の間にあるすべてのものはキリシタンの神である天主(デウス)の恩によって出生したものであり、自分たちの先祖もみなこの恩を受けているからである。したがって、すべての元祖は天主であると主張する。しかし、その一方で決して現世における世俗の秩序を否定しているのではない。日本に生まれたからにはこの国の主である天子への奉公を心得ており、この身を差し上げる覚悟ができているから、天子のためなら一命を失っても構わないなどとも発言している。ただし、魂だけは天主の命令にもしたがいがたく、天主へ差し上げたいとの主張は譲らない。

同じように、津和野《つわの》での教諭問答では、次のような信徒の発言が見える。現世における天子は寄親のようであり、父母は乳母のようであるから、その恩は現世の間に限られるものであるという。したがって、現世の主君や親に対する忠孝は尽くすべきであるが、天主の教えに背けば来世において地獄に落ちてしまうので、決して天主を裏切ることはできない、と彼らは主張する。来世における救済はキリシタンを除く既存の宗教では決して果たされないことが強調されている。

このような来世救済願望は、さらに次のような普遍的な認識を生んだ。高松の教諭問答では、役人が次のようにいう。みなは天下の民であるから天下の制禁に背いてはいけない。にもかかわらず、禁止されているキリシタンを信仰するのは、忠孝を尽くすべきとするキリシタンの教えにも背くことになるのではないか。キリシタンの教えにいう忠孝とは何を指すのかとただした。これに対して彼らが答えたのは、次のような内容であった。そもそもまず往古天主という神が存在し、それによって天地日月草木禽獣などが造られた。そしてその次に人類の元祖である男女ができたのであるから、世界中のあらゆるものがみな天主の創造物である。したがって、日本であろうが中国であろうがどの国にいようと、天主の教えを仰がないでいいわけはないという。

役人と信徒の間の問答はかみ合っていないが、人びとがしたがうべき秩序の源泉について両者は対照的であることがこの問答から読み取れる。つまり、教諭する役人は天下という語を用いて国家・政府のことを表し、それが禁止している宗教を信仰することはできないと信徒に迫っている。これに対して、信徒はこの世に存在するすべてのものが天主の創造であるから、天主の秩序にしたがうべきことこそみなが取るべき道であると主張している。信徒は自らがしたがうべき秩序の源泉について、役人がいう天下よりはるかに広い範囲の天主の概念で対抗しているのである。

これは、創造主の概念を楯に世俗の国家・政府を相対化する秩序意識ということができる。もちろん、万物の創造神のもとに世俗の秩序が成り立っているとする考え方は幕末維新期のキリシタン固有のものではなく、キリスト教の基本的な教えである。彼らの際だった特徴としてだけ評価することはできない。しかし、これが重要なのは、そうした秩序意識を公然と表明することによって、その身に重大な危険がおよぶことが想定されるにもかかわらず、彼らは世俗秩序を維持しようとする側との全面対決を覚悟しているということである。幕府が存在しているときはもちろん、明治政府によっても禁教は維持されていたことを忘れてはならない。

津和野の乙女峠マリア聖堂。浦上キリシタンの配流先のひとつ。島根県鹿足郡津和野町後田

キリシタンが万物の創造神のもとに世俗秩序が成り立っているとの意識を持っているのは、禁教下の場合と禁教下でない場合とで共通であったとしても、信仰

を表明した結果どうなるかは大きく異なる。禁教下でそれを公然と表明すれば死を意味するのである。来世救済を望む一方で現世利益も同時に期待する段階では、後者が一定程度保障されれば、万物の創造神を基軸とした秩序意識は表面的には隠匿され、実際に摘発されることはなかった。それが、幕末維新期の四番崩れにおいて、配流先で少なくない数の殉教者を出すことになったのは、既存の世俗秩序のもとでは現世利益への期待が望めないとする気持ちが彼らの心にわきあがり、もう一方の来世救済願望が突出したからである。だとすれば、四番崩れで信仰を表明し、配流先で役人の教諭に屈しなかった信徒の行動は文字通り、命を賭けたものであったと見るべきだろう。

信仰を隠匿している段階のキリシタンは、既存の世俗秩序を優先しているからこそ、世俗秩序を維持する禁教政策に表面的にはしたがう姿勢を見せた。この段階では、彼らは表面的には「仁政」を標榜する権力の命令を厳格に遵守する立場に立ち、世俗秩序に従順な彼らの態度を幕府も藩も認めてあえて摘発するようなことはなかった。これに対して、信仰を表明してデウスによる来世救済願望を強めた段階のキリシタンは、信仰を隠匿していた段階よりも既存の世俗秩序を相対化し、国家を越えた普遍的な秩序をあるべき姿としてより重視したからこそ、殉教を覚悟のうえ世俗の権力に抵抗する姿勢を示した。

以上のように、信仰を隠匿する段階から表明する段階へと、キリシタンの秩序意識は大きく変化したといえる。そして、既存の世俗秩序を相対化する方向へ転回したのは、キリシタンに限られることではもちろんない。十九世紀という近世から近代への移行過程は、民衆宗教の登場に象徴されるように、既存の世俗秩序の否定や相対化がいろいろな場面で登場する時代であった。先行研究によれば、この時期に次々と誕生した民衆宗教にせよ、同時期の浄土真宗にせよ、当該期の宗教活動は全般的に既存の世俗秩序を否定ないしは相対化する方向へ向かっていた(95)。キリシタンの潜伏から表明へという信仰態度の変化はキリシタン単独のものというよりも、このような世直し願望を強めていく宗教活動の一環として横断的にとらえるべきである。

4　キリスト教は解禁されたか

混迷を深める村社会

ここまで本章で検討してきたのは、潜伏していたキリシタンの信仰表明がどのような意味を持っていたのかということである。信仰表明は潜伏キリシタンにとって、確かに世俗の国家秩序から自分自身を解放することであったが、その一方で、村社会におけるキリシタンと非キリシタンの確執を表面化させたことも見逃せない事実である。本書では、明治政府のもとでキリシタン（キリスト教）をめぐってどのような問題が生じたかについて詳細を論じられないが、その展望だけ示しておくことにしよう。

ここでは、明治十二年（一八七九）にキリシタンの系譜を継承する信徒が、長崎警察署宛に提出した願書を紹介する。これは、旧大村藩領の西彼杵《にしそのぎ》郡黒瀬村（西彼杵半島西方の外海《そとめ》地域）の中村卯八と森友作が提出したもので、表題に「郷村不和ニ付御鎮定願」と付されたものである。この文書には、この時期の村社会・地域社会ではキリシタン（キリスト教）をめぐる確執がいかに深刻なものであったかが示されている。

　願書は次のように訴える。自分たちはこれまで胸中に密かにキリシタンの信仰を保ってきた者である。政府のご慈悲によって宗旨は人民の意に任せるということになったので、明治十一年二月十五日からその宗旨への帰属を公然と表明したところ、近隣の神官・僧侶・地役人が村にすぐさまやってきて改心するよう迫ったという。これに対して信徒たちは決心して信仰を表明したのであるから、これを改心するなど思いもよらぬことであると申した。そこで、寺院の僧侶や村役人が憤懣に堪えない表情で過酷な契約を定めると申し渡した。

　その内容は、キリスト教の者とは、親族といえども付き合いをやめること、屋根の葺き替えや田畑の普請など建築・土木工事には協力しないこと、公用の負担、医師の迎え、漁業、商業に関する船の乗り合いをやめること、などさまざまな付き合いを停止するというものであった。これらのことについて、万が一違反する者があったならば、宅地や所有する田畑山林を取り上げるというのであるから、たいへんな徹底ぶりである。ここに、村社会・地域社会内部でキリシタン（キリスト教）をめぐる確執が激しくなった様子を窺うことができる[96]。

国家秩序による規制から地域秩序による規制へ

この間、明治六年（一八七三）にキリシタン禁制の高札が撤去され、江戸幕府以来のキリシタン禁制政策は解消の方向に向かうと一般的には考えられている。しかし、明治政府がキリシタン禁制の高札を撤去したからといって、キリスト教解禁が宣言されたのではない。禁教高札の撤去は法令伝達方法の変更にともなう処置であるとともに、キリシタン禁制が世の中に熟知されていることからも高札撤去は何ら支障はないというのが政府の見解であった。禁教高札の撤去と禁教解除とは同じではなかった。確かに政府が禁教政策を解除すると宣言したことは一度もなく、政府の禁教継続の意図は一貫していた(97)。

しかし、西欧諸国のなかには禁教高札が撤去されたことをもって禁教が解除されたと理解する向きもあり、禁教を継続しようとする政府との間で矛盾も生じた。たとえば、英国国教会を母体とするアメリカの聖公会（監督教会）は、明治七年、キリスト教の完全解禁を要求して、次のように明治政府の姿勢を質した。すなわち、「日本国政府、全ク耶蘇教ノ禁ヲ解キシコトヲ海外諸国ニ公告セルハ、実ニ欣喜《きんき》ニ堪《た》ヘザル所」であるが、「未ダ之ヲ自国ニ公告セザルモノハ、是レ其信ズ可ラザル」ことであると(98)。

このあとも政府が禁教解除を宣言することはなかったが、明治十年代以降、神道国教化の挫折を含む宗教政策の矛盾のなかで、禁教を貫徹しようとする政府の姿勢は変更せざるを得なくなっていった。やがて禁教政策の継続は困難な状態となり、国家によるキリシタン（キリスト教）の規制は緩み始めていく。

そうだとすれば、キリシタン（キリスト教）にとってようやく信仰の自由を手に入れることができたと考えたくなるが、現実にそれが実現したといえるであろうか。国家によるキリシタン（キリスト教）への規制を残しつつも、ある段階から黙許の状態に入っていったのは事実であるから、国家権力の規制からは一定程度解放されていったとはいえるであろう。しかし、本章で見てきた通り、村社会や地域社会ではむしろ逆の方向に向かっていった。

潜伏キリシタンが存在した村を一律に理解することはできないが、明治に入って宣教師が村社会のなかに入ってきて教会さえ建設されるようになると、村民たちは、宗教形態としてはおもに、次の三つのパターンに分かれていった。すなわち、その宣教師の指導のもとに入って教会帰属のキリスト教徒になる場合と、それに違和感を覚えてあくまで先祖伝来のキリシタン信仰を継続しようとする場合と、地域の神仏信仰のほうに身を寄せる場合がそれである。それらは三種類の宗教形態があるというばかりでなく、互いに反目しあっていたから地域における紛争の火種となり得た。こうして、キリスト教をめぐる問題は地域社会の規制を強く受けていくようになっていく。

キリシタン（キリスト教）は、幕末維新期を挟んで近世から近代に移行する過程で、国家秩序による規制の対象から地域秩序による規制の対象へと転換した。そうした地域社会におけるせめぎ合いを通じて、地域秩序の方向性が固まっていくことになる。その秩序の中身はどのようなものであったのか。この点についてはもはや近代史の課題であるが、本書から導き出される展望を、終章において見通してみたい。

終章　宗教は解放されたか？

キリシタン禁制の矛盾

日本の近世から近代への転換をどのように見るかという問いについて、宗教統制の時代から宗教解放の時代へと転換したという見方があるが、それは正しいか、というのが本書の冒頭で提起した問題であった。その問いに対する応答として、本書の叙述が成功しているかどうかは読者のみなさんの判断に委ねるほかないが、近世期にもっとも弾圧されたキリシタンを基軸に考えてみても、近世から近代への転換に際して宗教解放が実現した、と単純に評価するわけにはいかない。

もちろん、近世期を通じて「切支丹」と見なされれば死罪は免れなかったから、キリシタン禁制が実際には緩慢であったなどと主張したいのではない。むしろ、キリシタン禁制という宗教政策が近世人にとってたいへん厳しいものであったがゆえに、そのキリシタンの実態とはかけ離れた虚像が生み出され、その虚像がこの時代の秩序の維持に大きな役割を果たした。本書で「切支丹」と表現したその虚像は近世後期になるにつれて拡大解釈され、その結果、キリシタン禁制は異端的宗教活動全般を取り締まる宗教政策へと転換した。この過程で世俗秩序に埋没した現実のキリシタンは、異端的宗教活動の一つとして疑われることはあっても決して「切支丹」とは見なされなかったから、世俗秩序に順応していたキリシタンは一定程度その存在が〝許容〟されていたといえる。

キリシタン禁制の矛盾というのはまさに、キリシタン禁制が厳しいゆえに現実のキリシタンの存在が許容されていくとともに、それとは別の怪しげであると見なされた異端的宗教活動が取り締まりの対象とされていく状態を指すのであり、その矛盾の歪みは近世から近代への移行期である十九世紀において、さらに顕著に表れていく。この時期、たとえば「淫祠邪教」の取り締まりが強力に進められたり、天理教や金光教のような民衆宗教が弾圧されたりするのは、本書で検討してきたようなキリシタン禁制の歪みもその背景の一つとして考えるべきではなかろうか。

「邪正」の逆転

さらに近代への影響として見逃せないのは、異端的宗教活動への取り締まりが強化されるのと並行して、「邪正」の逆転が起こっていったことである。この点を本格的に論じるには、キリシタンばかりでなく隠し念仏・隠れ念仏や不受不施派などさまざまな異端的宗教活動を検討しなければならず、まだ準備不足である。近世日本の「邪」と「正」というテーマについては機会を改めて一書にまとめる計画を持っているが、本書を締め括るにあたって見通しだけ示しておくことにする。

「邪」と「正」ということを考えるとき、一般的には「正」の存在が当然であるかのように想定されがちである。つまり、中心となるものがまずあって、そこから外れていくものとか、変化するものなどが生まれ、その中心の存在を脅かすというわけである。したがって、「正」が秩序維持に不可欠な中心であるのに対して、「邪」はそこからはみ出て「正」を中心とした秩序を脅かすから、排除されるのは当然ということになる。この場合、「正」がきわめて明快で純粋な存在である一方で、「邪」はたいへん曖昧な存在である、というのがおおかたのイメージではなかろうか。しかしながら私見では、近世日本の宗教における「邪」と「正」の関係は、これとは反対であったように思われる。

端的にいって、当初、近世人にとってもっとも排除されなければならない「邪」の宗教とは「切支丹」（この場合は十八世紀以降の近世中後期とは違って、実態としてのキリシタンに近い）のことであった。それは島原天草一揆の強烈な影響もあって、十七世紀段階では少なくともその対象は限定されていたと考えてよい。この過程のなかで十七世紀中期に宗門改も制度化された。つまり、「邪」はきわめて明快であったといえる。

これとは対照的に、近世人にとって「正」の宗教はたいへん曖昧であった。徳川家康が東照大権現という神になり、全国に東照宮が造られても、それへの信仰が日本列島の人びとに強制されたのではない。徳川将軍家の菩提寺は寛永寺と増上寺であるが、その宗派である天台宗・浄土宗の寺院しか許されなかったという事実もない。民間信仰も基本的には許容されていた。「邪」は明快だが「正」は曖昧である、というのが近世秩序を支える宗教の基本的な考え方であった。

これが十八世紀に入ると、「正」の曖昧さは保たれつつも、「邪」の明快さが変化していくことになる。すなわち、現実に存在した潜伏キリシタンが世俗秩序へ埋没していったことと、「切支丹」のイメージが貧困化していったことを背景に、十八世紀を通じて、「邪」の周縁にあった異端的宗教活動と、「切支丹」とが接近していった。「邪」の対象が曖昧になっていったということである。従来、警戒の対象ではあったが「邪」とは必ずしも見なされなかった異端的宗教活動は、肥大化した「邪」に近づいていった。それは、それまで明快な「邪」であった「切支丹」の取り締まりが厳しいものであったからなのであるが、そうであったからこそ「邪」の範疇が肥大化して曖昧になり、異端的宗教活動に対する警戒が厳しくなっていったのである。

この状態のもとでは、「邪」でないことが踏絵によって証明されたとしても、「正」であることを証明するのは容易ではなかった。つまり、「邪」でないことと「正」であることとは同義ではなく、一度疑われた異端的宗教活動への警戒はいつまでも続いたのである。東北地方や対馬藩田代領の隠し念仏が断続的に問題視された理由は、「邪」でないことと「正」であることが一致しないからであった。

とはいえ、「邪」の決定的な認定基準は「切支丹」かどうかであり、嫌疑を受けた宗教活動が「切支丹」として判断されなければ、それは異端的宗教活動にとどまるものとして扱われた。その意味で、「切支丹」と認定されるかそうでないかは大きな違いであった。いずれにしても、近世秩序の原則では「邪」は「切支丹」に限定されていたはずであったが、十八世紀段階では、その「切支丹」と異端的宗教活動が接近していったことを背景に「邪」の範疇に揺らぎが起きていった。

そして、その延長線上にその世紀末以降十九世紀にかけて、断続的に潜伏キリシタンの存在が疑われる事件が起こっていく。それが、浦上崩れ・天草崩れ、そして京坂「切支丹」一件である。前者の浦上崩れ・天草崩れでは、信徒たちの宗教活動が「異宗」「異法」と呼ばれ、「切支丹」とは決して認定されなかった理由は、潜伏キリシタンが異端的宗教活動にとどまるものと理解されたからである。それとは逆に、後者の京坂「切支丹」一件の場合は、それまで異端的宗教活動として理解されていたものが肥大化した「邪」のほうに追いやられて、「切支丹」として処罰された。

このように、江戸時代の当初、明快だった「邪」が時代が下るにしたがって曖昧になっていったというのは、秩序を維持しようとする側にとっては、警戒しなければならない範囲が広がったことを意味した。そうした異端的宗教活動はどこにでもありそうな怪しげな宗教活動であり、幕府領や藩領などの支配領域をまたいで広がっている場合が多かったから、宗教統制を厳格に行うために「正」の共通認識が求められていくようになる、というのが筆者の見通しである。特に領民を直接管理する現場の役人ほど、そのような宗教の基準を必要としていった。異端的宗教活動が問題視される事件が起きたとき、支配の現場責任者は自らの責任を問われることに敏感であったからである。事実、現場責任者のほうが上役より厳しい対処を提案する傾向があった。

以上のことから、近世から近代への転換に際して、明快な「邪」から曖昧な「邪」へ、曖昧な「正」から明快な「正」へ、という「邪正」の逆転が起こった、というのが筆者の見立てである。その延長線上に十九世紀末における国家神道の成立があるのではないかと見ているが、注意しなければならないのは、江戸幕府が倒れる前後の十九世紀中期まではそれが決まっていたのではないということである。もちろん、国学の隆盛などに見られるようにその芽は胎動していたが、決してそれが主流だったのではない。

十九世紀は民衆宗教が次々と登場する時期であり、そこに人びとの既存秩序への不満が表れている。民衆宗教の新たな神格が、権力によって「正」の基準に採用されるなどというのはもちろん考えにくいことではあるが、民衆宗教の登場に象徴されるように十九世紀は宗教のさまざまな可能性が存在した時期であるともいえる。それは国家神道の成立が決して自然にそうなったというものではなく、明治政府やそれに連なる勢力によるきわめて作為的な行為であったことを意味している。

近代人は解放されたか？

本書で示してきたように、近世日本の宗教活動はキリシタンを含めて実に多様であったといわなければならない。そこには体系的な教義を持ち、それゆえにしばしば教義上の対立を生んだ仏教諸宗派をはじめとして、神祇信仰やアニミズム的な汎神論の系譜を引く民間信仰までを含んでいた。

注目されるのは、日本列島に伝統的に継承されてきたこれら多様な神仏信仰ばかりでなく、禁止されていたはずのキリシタンさえ近世の宗教活動として幕末まで継承されていったという事実である。また、仏教・神道・キリスト教という枠組みも曖昧な点があり、その境界領域に位置する宗教も多様に存在した。修験道・陰陽道は神仏習合の典型例であり、潜伏キリシタンも神仏信仰との混淆という特徴が見られる。隠し念仏・隠れ念仏、不受不施派などの既存宗派の〝異端〟も含めて、近世の宗教活動は現代人の私たちが想像する以上にたいへん多様であったといえる。そして、同じ一人の近世人が、その多様な宗教活動のなかから複数の宗教活動に関わりを持っていたことも珍しくはなかった。檀那寺の活動を行いながら鎮守の活動にも関わり、その一方で檀那寺や氏子関係とは無関係な寺社参詣にも出かけたりお札を求めたりもし、さらに宗教者が介在しない民間信仰に参加したり流行神も拝んだりした。

同じ人間が複数の宗教活動に関わるのは近世では何ら不思議なことではなく、こうした状態のほうが自然なことであったのだろう。そういう目で見ると、潜伏キリシタンがキリシタンの活動を行う一方で檀那寺の活動やその他の宗教活動に関わることは、キリシタン禁制のもとでそれが疑われることを回避しようとする手段であったとしても、他の近世人と比較して決して珍しいことではなかった。この点からも、潜伏キリシタンだけが特殊であったという見方は正しくない。

いずれにしても、近世日本には多様な宗教の存在を認めることができ、近世人の宗教環境は近世的な制約があったことは当然の前提としながらも、決して一律でない豊富な内容を持っていたと断言できる。そうだとすれば、近代において信教の自由が保障されたからといって国家神道の優位性のもとでのそれは、必ずしも宗教が解放されたとはいえないだろう。既存秩序の否定を意味する世直しを掲げて次々と誕生した民衆宗教は、官憲によりしばしば弾圧され、教祖の次の世代では、教団として生き残るために教義を国家神道にすり寄るかたちで改変しなければならなくなった。その結果それらは、教派神道に組み込まれることになったことも知られている。

ただし、だからといって近世のほうが近代より宗教的自由が確保されていた、などと主張するのが本書の本意ではない。ここは誤解していただきたくない。近世も近代も、そして現代もそれぞれに時代的な制約があるのは当然のことであって、その制約がどのようなものであったのかを知ることが重要である。ここでは、近世から近代への転換を、宗教統制から宗教解放の時代へと描く単純なイメージに疑問符をつけたかったというのが本意である。

以上の検討から、近世から近代への転換をどのように見るかという問題について、多様・曖昧な状態が保たれていた段階から一律・統制の傾向が強まっていく段階への転換としてとらえられるのではないか、というのが本書の結論である。本書で材料としたのは、実態としてのキリシタンと排除される対象としての「切支丹」とその周縁の宗教問題という、近世の出来事のなかのほんの一部であるが、同じことがほかの点にもいえる。

たとえば言語。私たち現代人は標準語なる日本語が大昔から存在していたかのように錯覚しがちになるが、もちろんそれは近代の国民国家成立にともなって成立したものである。日本列島上に多様な地域の言葉が存在していた状態こそ歴史が長いのであって、標準語は近代において人為的につくられた言語である。統一された言語はなく、多様な言語が併存していたというのが近世の実態である。

国境もそうである。よく知られているように、近世では現在の北海道と沖縄は幕藩制国家の外の領域であって、それぞれ蝦夷《えぞ》地・琉球王国として独自の世界を持っていた。ただし、蝦夷地は松前藩を通じて、琉球は鹿児島藩を通じて幕藩制国家の影響を強く受けており、幕藩制国家と蝦夷地・琉球王国の間は支配と被支配との関係であったことも見逃してはいけない。つまり、蝦夷地と琉球王国は完全な内地でもなければ外国でもない、いわばその領域全体が境界であった。線としての国境が形成されるのは近代以降であり、十九世紀半ばに旧蝦夷地とロシアの間、旧琉球王国と中国との間に国境が引かれて、初めて線としての国境という概念が成立した。近世の国境はきわめて曖昧であった。

このように、宗教問題ばかりでなく他の事例も含めて、近世から近代への転換はおおむね多様・曖昧から一律・統制への転換であったと評価できるように思う。だとすれば、時代が下るにしたがって人びとが解放されていくというのは事実に反しており、現代人が歴史上もっとも解放されているとはとてもいえない。曖昧さが否定され、境界の明確化・固定化が進行していくのが近代という時代の特徴であり、それはそこからこぼれ落ちるものを切り捨てるという機能を併せ持っている。これは効率主義と言い換えてもよく、少ないコストで多くの利益をあげようとする資本主義と表裏の関係にある。競争社会を当然の前提とする近代的価値観の問題性がここに孕まれており、その延長線上に現代の新自由主義が抱えている問題に行き着く。

いまこそ、近世において多様・曖昧な状態が保たれていた事実に注目し、近代・現代において一律・統制の方向が進んだことの問題性に目を向けるべきである。そうすることによって、すべての人が幸せになるためには何が必要かが自ずと明らかになっていくであろう。前近代の歴史を学ぶ重要な理由の一つは、それを比較の材料にすることによって近代的価値観の問題性に気づくことにある。

注

（1）磯前順一『近代日本の宗教言説とその系譜――宗教・国家・神道』（岩波書店、二〇〇三年）を参照。以下、幕末維新期から国家神道の成立までの概要は、安丸良夫『神々の明治維新――神仏分離と廃仏毀釈』（岩波書店、一九七九年）、安丸良夫・宮地正人校注『日本近代思想大系5　宗教と国家』（岩波書店、一九八八年、以下『宗教と国家』と示す）、などを参考にした。
（2）阿満利麿『日本人はなぜ無宗教なのか』（筑摩書房、一九九六年）二〇五頁。
（3）清水紘一「慶長十七年のキリシタン禁教令再考」（『中央大学文学部紀要　史学科』四八［通号一九六］、二〇〇三年）。
（4）以下、十七世紀初期のキリシタン禁制の始まりについては、五野井隆史『徳川初期キリシタン史研究（補訂版）』（吉川弘文館、一九九二年）、同『日本キリシタン史の研究』（吉川弘文館、二〇〇二年）、藤井譲治「史料紹介　慶長十一年キリシタン禁制の一史料」（『福井県史研究』一五、一九九七年）を参考にした。
（5）高瀬弘一郎『キリシタン時代の研究』（岩波書店、一九七七年）。
（6）矢沢利彦・筒井砂訳『日本イエズス会士礼法指針』（キリシタン文化研究会、一九七〇年）。
（7）浅見雅一『キリシタン時代の偶像崇拝』（東京大学出版会、二〇〇九年）。
（8）以下、ここで検討する豊臣政権・徳川幕府のキリシタン関係法令はすべて、清水紘一・清水有子編著『キリシタン関係法制史料』（蒼穹出版、二〇〇二年）から引用。
（9）筆者の研究のほか、村井早苗『キリシタン禁制の地域的展開』（岩田書院、二〇〇七年）を参照。
（10）以下、島原天草一揆に関する史料は特に断らない限り、鶴田倉造編『原史料で綴る天草島原の乱』（本渡市、一九九四年）を参照。
（11）神田千里『島原の乱――キリシタン信仰と武装蜂起』（中央公論新社、二〇〇五年）。
（12）『改定史籍集覧』二六（臨川書店、一九八四年復刻版）。
（13）『大日本近世史料　細川家史料』一二（東京大学史料編纂所、一九九〇年）。

(14)『続々群書類従』四（国書刊行会、一九〇七年）。
(15)『往来物大系』四六（大空社、一九九三年）。
(16)『恩栄録・廃絶録』（近藤出版社、一九七〇年）。
(17)筆者は早稲田大学図書館蔵の『嶋原記』を参照した。
(18)『四郎乱物語』（本渡市立天草切支丹館振興会、一九七三年）。
(19)小川碩翁（秋月藩士）『嶋原一揆談話 乾』（秋月郷土館蔵）。
(20)保坂智『百姓一揆と義民の研究』（吉川弘文館、二〇〇六年）。
(21)木村直樹『幕藩制国家と東アジア世界』（吉川弘文館、二〇〇九年）。
(22)『続々群書類従』一二（国書刊行会、一九〇七年）。
(23)『富山県史 史料編Ⅳ近世中』（一九七八年）。
(24)『藤沢市史一 資料編』（一九七〇年）。
(25)『福井県史 資料編八中近世六』（一九八九年）。
(26)蘆田伊人「「切支丹改め」開始年代を確定する一史料」（『歴史地理』六五―二、一九三五年）。
(27)藤野保・清水紘一編『大村見聞集』（高科書店、一九九四年）。
(28)『山本甚左衛門覚書』（松浦史料博物館蔵）。
(29)『御仕置例類集』（名著出版、一九七一～七四年）。
(30)『徳川禁令考』前集第五（創文社、一九五九年）。
(31)『徳川禁令考』後集第一（創文社、一九五九年）。
(32)浦川和三郎『浦上切支丹史』（全国書房、一九四三年）。
(33)片岡弥吉『日本キリシタン殉教史』（時事通信社、一九七九年）。
(34)『日本庶民生活史料集成18 民間宗教』（三一書房、一九七二年）、以下『民間宗教』と示す。
(35)鈴江英一『キリスト教解禁以前――切支丹禁制高札撤去の史料論』（岩田書院、二〇〇〇年）、山崎渾子『岩倉使節団における宗教問題』（思文閣出版、二〇〇六年）。
(36)浦上三番崩れの吟味書（『宗教と国家』）。
(37)『寺社方御触』（天草郡高浜村庄屋上田家文書）。

（38）天草郡高浜村庄屋上田家文書の『寺社方御触』を分析した、拙稿「村社会の宗教情勢と異端的宗教活動——天草を事例として」（『歴史評論』七四三、二〇一二年）では、「讃談」を「潜談」と読んで議論を展開したが、これは「讃談」と読むのが正しいようである。前稿発表後、複数の人から指摘を受けた。ご指摘に感謝申し上げて、ここに訂正する。ただし、筆者が「潜談」と解釈したところは、俗人が俗家にて法会や説法を行うことを指しているので、論文全体の趣旨を変更する必要はないものと考える。

（39）同注37。

（40）森永種夫編『御仕置伺集』上巻（犯科帳刊行会、一九六二年）。

（41）同前。

（42）『民間宗教』。

（43）『天草古切支丹資料』一（九州史料刊行会、一九五九年）、以下『天草古切支丹資料』と示す。

（44）『牛肉一件吟味日記』など関連史料（天草郡高浜村庄屋上田家文書）。

（45）野中素「「島原の乱」の戦死者について」（『諫早史談』一二、一九八〇年）、同「「有馬戦死弐百年忌御吊御法事」顚末記」（『諫早史談』一三、一九八一年）。なお、これらの関連史料は、諫早市立諫早図書館蔵諫早文庫における当該年代の『日記』による。

（46）庄司吉之助・林基・安丸良夫校注『日本思想大系58　民衆運動の思想』（岩波書店、一九七〇年）、以下『民衆運動の思想』と示す。

（47）『編年　百姓一揆史料集成』四（三一書房、一九七九年）。

（48）同注20。

（49）『民衆運動の思想』。

（50）高木慶子『高木仙右衛門覚書の研究』（中央出版社、一九九三年）。

（51）以上、門屋光昭『隠し念仏』（東京堂出版、一九八九年）と『民間宗教』を参照。

（52）福間光超『真宗史の研究』（永田文昌堂、一九九九年）。

（53）長崎県立対馬歴史民俗資料館蔵宗家文庫蔵の『田代宗旨一件記録　一番』『田代御内用書物　二番』『田代御内用書物　三番』を参照。

（54）同注30。

(55) 朴澤直秀「近世における寺院関係偽法令の流布をめぐって」(『東京大学日本史学研究室紀要 別冊 近世政治史論叢』二〇一〇年)、同「いわゆる「宗門檀那請合之掟」と「諸寺院条目」」(『日本歴史』七七四、二〇一二年)。
(56) 加藤敦子「近世演劇に登場する「キリシタン」」(小峯和明ほか著『キリシタン文化と日欧交流』勉誠出版、二〇〇九年)。
(57) 『政談』(岩波文庫版、一九八七年)。
(58) 『新修 平田篤胤全集』一〇(名著出版、一九七七年)。
(59) 『研究キリシタン学』創刊号(キリシタン学研究会、一九九八年)。
(60) 本書では、『続々群書類従』一二(国書刊行会、一九〇七年)を参照。
(61) 『民衆運動の思想』。
(62) 滝本誠一編『日本経済大典』二三(明治文献、一九六九年)。
(63) 『水戸藩史料 別記 上』(一八九七年)。
(64) 深谷克己『百姓成立』(塙書房、一九九三年)。
(65) 『民衆運動の思想』。
(66) 安丸良夫「「近代化」の思想と民俗」(『日本民俗文化大系1 風土と文化――日本列島の位相』小学館、一九八六年)。
(67) 『邪宗門一件書留 乾・坤』(東京大学史料編纂所蔵)、『大坂切支丹一件』(聖心女子大学図書館蔵)を参照。
(68) 『日本庶民生活史料集成11 世相1』(三一書房、一九七〇年)。
(69) 小澤浩『中山みき』(山川出版社、二〇一二年)。
(70) 『甲子夜話 続篇1』(平凡社、一九七九年)。
(71) ノゲラ ラモス マルタン「幕末・明治初期のキリシタン民衆社会の地域的構造についての一考察」(『日本史攷究』三六、二〇一二年)。
(72) 川村信三『キリシタン信徒組織の誕生と変容――「コンフラリヤ」から「こんふらりや」へ』(教文館、二〇〇三年)。

(73) 以下、天草のコンフラリアと天草崩れに関する史料は、『天草古切支丹資料』(注43) を参照。
(74) 平田正範『天草かくれキリシタン宗門心得違い始末』(サンタ・マリア館、二〇〇一年)。
(75) 『民間宗教』。
(76) 高浜村庄屋上田家文書の関連史料を参照。
(77) 白川部達夫『近世質地請戻し慣行の研究』(塙書房、二〇一二年)、渡辺尚志『百姓たちの幕末維新』(草思社、二〇一二年)。
(78) 服藤弘司『幕府法と藩法』(創文社、一九八〇年)。
(79) 渡辺尚志編『近世地域社会論——幕領天草の大庄屋・地役人と百姓相続』(岩田書院、一九九九年) の諸論考、特に平野哲也「寛政八年百姓相続方仕法と村社会——質地請戻をめぐる幕府法と在地慣行」。史料については、『天草古記録集4・5・6合併号　天草郡百姓相続方仕法書』(天草古文書会、一九八三年) を参照。
(80) 長崎歴史文化博物館蔵の関連史料を参照。
(81) 同注21。
(82) 『長崎代官記録集』全三巻 (犯科帳刊行会、一九六八年)。
(83) 深谷克己『深谷克己近世史論集1　民間社会と百姓成立』(校倉書房、二〇〇九年)。
(84) 長崎奉行の一覧は、『日本史総覧Ⅳ　近世一』(新人物往来社、一九八四年) を参照。
(85) 『藩史大事典　七巻　九州編』(雄山閣出版、一九八八年)。
(86) 長崎県立長崎図書館を経て現在、長崎歴史文化博物館に所蔵されているのは、前の史料と同じ。
(87) 浦上村という名前はこの地域の村の総称で、幕府領浦上村 (山里と淵に細分される) に隣接する大村藩領にも浦上村が存在した。
(88) 『民間宗教』。
(89) 同前。
(90) 同注33。
(91) 同前。
(92) 『宗教と国家』。

(93) 以下、『大日本外交文書』一〜四(一九三六〜三八年)と『幕末維新外交史料集成』二(財政経済学会、一九四三年)を参照。
(94) 以下、『耶蘇教ニ関スル書類』(純心女子短期大学、一九九一年)を参照。
(95) 安丸良夫『日本の近代化と民衆思想』(青木書店、一九七四年)、奈倉哲三『真宗信仰の思想史的研究——越後蒲原門徒の行動と足跡』(校倉書房、一九九〇年)など。
(96) 『宗教と国家』。
(97) 同注35。
(98) 『宗教と国家』。

あとがき

ようやく刊行できた、というのが実感である。最初に声をかけていただいてから本書の刊行まで、五年以上もかかってしまった。そのもっとも大きな理由はもちろん筆者の怠慢にあるが、この間、筆者は学会活動の事務運営の責任者を引き受けたこともあって、自分の研究の時間を十分にとることができなかった。歴史科学協議会の事務局長を三年、時を置かずに同会機関誌『歴史評論』の編集長を二年、その前後数年の『歴評』編集委員の期間を併せて、都合八年の間、全国組織の学会運営に直接関わったことになる。筆者の四〇代は、歴科協とともにあった濃密な時間であった。正直、学会活動の業務にストレスを感じなかったとはいわない。しかし、この経験は筆者の視野を確実に広め、現代の諸問題を深く考える機会を与えてくれた。もし本書を出すことにいくらかでも意味があるとすれば、それは本書が歴科協の活動を通して筆者が鍛えられた成果だから、ということになるであろう。

本書を執筆していたとき、国会では特定秘密保護法案が審議されていた。歴科協をはじめとした歴史学関係団体など諸方面から強い反対の声があがっていたにもかかわらず、この法案はごり押しされてしまった。筆者には、この法律の行く末が江戸時代のキリシタン禁制政策とダブって見える。特定秘密保護法はこのまま放っておけば、確実に人びとの生活を侵害するようになるだろう。

序章で述べたように、二〇一〇年代半ばの日本（いや日本を含めた世界全体というべきかもしれない）は、息苦しさがますます強まっているように思える。それは効率性をひたすら志向して、曖昧さを許さない一律・統制の方向に突き進んできた、近代的秩序の延長線上に惹起したものなのだろう。近年深刻さを増す領土問題や、やたらと「愛国心」を強調する教育行政はその帰結である。そして、本書の執筆中に成立した特定秘密保護法もその一環といえる。

これらは選挙の結果によって構成された政府の政策であるから、手続き的には異を唱えにくいのであるが、だからといってこれが民意を反映しているかといえば、それは違うと強く思う。本書で展開した属性論によって考えれば、選挙はもっとも利害関係が反映しやすいものであり、人びとはその人が保持している複数の属性のうち優先度の高い属性に基づいて投票しているものと思われる。したがって、選挙の結果は属性優先度の順位といいかえてもよいのだが、これを民意だと勘違いし、選挙で選ばれればすべて委任されたと思い込んでいる政治家が多いのが問題である。私見では、民意とはあらゆる利害関係の枠組みを越えた生活者という属性による判断であり、選挙における投票行動とは必ずしも一致しないと考える。実際のところ、選挙のたびになぜそのような結果になるのかというのが率直な感想だが、筆者は希望を失いたくない。

実はこの「あとがき」は、サバティカル（特別研究期間）中の滞在先パリで書いている。日本近世史の研究者がサバティカルの滞在先になぜパリを選んだのか。筆者なりの理屈はいくつもあるが、それに加えて、筆者が愛するミュージカル『レ・ミゼラブル』の〝現場〟に強く惹かれたというのも、筆者の念頭にあったと告白しておこう。二〇一二年にはヒュー・ジャックマン主演で映画化もされた、このミュージカルはそれこそ悲惨な人びとを描くシリアスな物語だが、最後に〝Tomorrow comes〟と締め括って、人びとに勇気を与える傑作である。正直なところ、このミュージカルと物語についてはまだまだ語ってみたい点がある。しかし、「あとがき」の紙幅も尽きたようなので、それは別の機会にすることにしよう。まだ渡仏して一週間だが、滞在予定の半年先までにこの『レ・ミゼラブル』の現地で、希望を持続するには何が必要かをぜひ熟考してみたいと思う。

なお、本書は、勤務先である早稲田大学の二〇一一・二〇一二年度特定課題研究（課題番号2011B-046・2012B-044）、および二〇一三年度科学研究費助成事業（学術研究助成基金助成金、基盤研究（C）課題番号25370800、二〇一五年度まで継続予定）の「近世日本におけるキリシタン禁制政策と異端的宗教活動の横断的研究」の成果の一部であることを付記する。また、本書の刊行に当たって、最初に声をかけていただいた講談社文庫出版部の佐々木啓予さん、学術図書第一出版部部長の園部雅一さん、本書を担当していただいた梶慎一郎さん、および校閲部の方にはたいへんお世話になった。記して感謝申し上げる。

二〇一四年三月二一日　春分の日

滞在先のパリ国際大学都市日本館の居室にて　大橋幸泰

学術文庫版へのあとがき

講談社選書メチエとして刊行された本書の「あとがき」は、二〇一四年の春分の日の日付で、パリ滞在中に書いたものである。当時、勤務先から特別研究期間の取得を許されて、渡仏していた。わずか半年の滞在期間であったが、ヨーロッパの日本史研究者と交流するなど有意義な時間を過ごすことができた。このパリ滞在で私の視野は確実に広がった。その一端は、二〇一五年から翌年にかけて『歴史評論』(七八五、七八八、七九〇、七九二、七九六の各号)に連載した「前近代日本史学徒のパリ体験」と題するエッセーで披露した。

選書メチエ版の刊行から五年が経った。この間、キリシタンに関わる話題に事欠かない状況が続いている。本書が学術文庫版になったのも、そうしたキリシタン関係のトピックがいくつもわき起こったからだろう。いまやキリシタン史は特殊な分野史ではなく、近世史を考えるうえで不可欠な材料であることが認知された、と私は受け止めている。

この間の、特に本書に関わる話題を、以下に四点取り上げよう。そのコメントを記して「学術文庫版へのあとがき」にかえる。

第一に、ローマ教皇庁のバチカン図書館で、総数一万点以上におよぶ大量のキリシタン関係文書が発見され、その共同研究が始まったことである。国文学研究資料館が拠点となり、東京大学史料編纂所・大分県立先哲史料館などと共同で調査を進めている。私も参加していることの共同研究は、マレガ・プロジェクトと呼ばれる。

調査対象となっている史料群は、第二次大戦前後に日本に滞在し、カトリックの宣教活動に従事したサレジオ会のマリオ＝マレガ氏（一九〇二〜七八）が収集した文書である。臼杵藩など大分県地域の藩政文書におけるキリシタン禁制関係史料がおおよそを占め、とりわけ、宗門改《しゅうもんあらため》や類族改《るいぞくあらため》に関する文書が大量に含まれている。もちろんこうした史料は決して珍しいものではなく、これまでも断片的に知られていた。しかし、このマレガ収集文書は十七世紀から十九世紀まで近世の全時代を網羅しており、通時的に検討できる文書群であるところに最大の特徴がある。戦中・戦後の混乱期にマレガ氏が意識してキリシタン禁制関係史料を集めた結果、これだけまとまった史料群が残され、散逸しないように一九五三年にまとめてバチカン図書館に送付されたということらしい。

マレガ氏はその一部を翻刻して刊行している。『豊後切支丹史料』（サレジオ会、一九四二年）、『豊後切支丹史料続』（ドン・ボスコ社、一九四六年）がそれである。これらの史料集はキリシタン史研究ではよく知られており、しばしば研究に活用されてきたが、長い間、原史料の所在が不明となっていた。それが二〇一一年にバチカン図書館に所蔵されていたことが明らかになり、二〇一三年にマレガ・プロジェクトが組織されたというわけである。私がこのプロジェクトに直接関わるようになったのは、パリから帰国する直前の二〇一四年九月、バチカン図書館での調査に加わったときからである。

調査が進むにしたがって、翻刻された史料以外に大量の史料が収集されていたこともわかった。マレガ収集文書は多くが藩政文書であることに特徴があり、これを分析すれば、藩レベルでキリシタン禁制をどのように維持していたか詳細にわかる。一方、大分県地域には地方《じかた》文書が多く残されていることから、その相互検討により、豊かな歴史像を構築することができる。私はこれまで両者の文書群から臼杵藩の類族改関係史料を検討し、キリシタンの子孫である類族という立場も、彼らがまとっている属性の一つであることを見出した。治者による類族の管理はもちろん厳密であったが、だからといって、類族が特別に排除されていた形跡はない。類族・非類族が混在して村社会が成立していたのであり、日常生活上、そうした混在状態に支障はなかった、というのが私の見立てである。

第二に、宝永五年（一七〇八）に屋久島に潜入して捕らえられ新井白石《あらいはくせき》の尋問を受けた、ローマ教皇庁のイタリア人宣教師ジョヴァンニ＝バッティスタ＝シドッチの遺骨が発見されたことである。「切支丹屋敷」と呼ばれた、幕府初代宗門改役井上政重の屋敷跡から三体の人骨が発掘されたのが二〇一四年七月、そのうち、保存状態のよかった一体がイタリア人のものであることがわかり、正式に発表されたのが二〇一六年四月のことであった。考古学・歴史学・人類学の学際的検討によるこの発見に、私は興奮した。そして、この発見に対して求められたコメントを用意するなかで、江戸時代の治者にとってキリシタン禁制が秩序維持のための重要な柱であったことを、私は再認識した。

長持ちを代用した棺に納められていた遺体は、半伸展葬で葬られていた。これは伸展葬により土葬されるキリスト者埋葬の方法に類似している。だとすれば、シドッチへの一定の敬意が払われていたと考えるべきだろう。白石の著書『西洋紀聞』によれば、白石はシドッチが天文学や地理学の豊富な知識を持っていたことや、危険を顧みず単身で日本にやってきたことに尊敬の念を持っていた。

さらに白石は、一六四〇年代に「切支丹屋敷」に収容されたイエズス会宣教師ジュゼッペ＝キアラ（棄教後の日本名、岡本三右衛門）が執筆した「三巻の書」を読んでシドッチ尋問に臨んだ。これにより、白石はシドッチとの面会以前に、キリシタンの教義には侵略的意図はないとする見解に達していたようである。白石にとってシドッチの尋問はそれを確認する作業であり、キリシタン奪国論否定の確信を得る政治的出来事であったといえる。

しかし、『西洋紀聞』は秘書とされたから、シドッチと白石との会見は、江戸時代人のキリシタン認識に影響を及ぼさなかった。そして、その後の幕府の宗教政策にも何ら変更をもたらさなかった。シドッチと白石が出会った十八世紀初期は、「切支丹」イメージの貧困化を回避する可能性があった時代であったといえるが、結果としてそれを潰してしまったことになる。

第三に、遠藤周作原作・マーティン＝スコセッシ監督の映画『沈黙―サイレンス―』が公開されたことである。日本公開は二〇一七年一月のことであった。この映画は十七世紀前期、徳川幕府によるキリシタン禁制政策の理不尽さを描くことにより、宗教とは何かを問うものである。原作を忠実に映像化したこの映画は、完成度の高い作品である。俳優の演技もすばらしく、二時間半を超す長さを感じさせない展開であった。

しかし、この作品から導き出されるキリシタン像では、彼らのすべてを理解したとはいえないと断言できる。というのは、弾圧に最後まで屈せず殉教する「強い」キリシタンと、弾圧に容易に屈して棄教する「弱い」キリシタンという、二分法的理解となっているからである。この理解では、幕末まで存続した潜伏キリシタンはみな「弱い」キリシタンという評価になってしまう。

本書で繰り返し指摘したように、信徒はキリシタンという属性だけで生きていたのではない。キリシタンをめぐる問題はもっと複雑である。「強い」「弱い」という、キリスト教教団の側に立った評価で彼らの動向を割り切るのではなく、生業や村民といったキリシタン以外の諸属性を念頭に置いてこそ、ようやくキリシタン信徒の営為の意味を理解できる。

第四に、二〇一八年六月、「長崎と天草地方の潜伏キリシタン関連遺産」がユネスコの世界文化遺産に登録されたことである。長崎県世界遺産課が運営するウェブサイト（http://kirishitan.jp/）によれば、この遺産は「十七世紀から十九世紀の二世紀以上にわたる禁教政策の下で密かにキリスト教を伝えた人々の歴史を物語る他に例を見ない証拠である」とされる。そして、「禁教期に密かに信仰を継続する中で育んだ独特の宗教的伝統を物語る」ものとして潜伏キリシタンを位置づける。こうして、彼らは江戸時代を通じて厳しい禁教や弾圧に耐えぬき、明治時代、奇跡の復活を遂げたというストーリーで記憶されることになる。

十七世紀前期に惹起した殉教や島原天草一揆、十九世紀中期の大浦天主堂における宣教師による信徒「発見」は事実であるから、右のストーリーは誤りではない。しかし、この認識にとどまるとすれば、厳しい禁教に耐えるだけの潜伏キリシタンの姿が一人歩きする危険性はないだろうか。

この世界遺産登録に関連して、私は大浦天主堂を扱ったテレビ番組に出演した。そのインタビューのなかで大浦天主堂の意義について、潜伏キリシタン「発見」の舞台になったと私は答えたが、こうも続けた。それは悲劇の始まりでもあった、と。信徒は諸藩に配流されてひどい仕打ちを受けただけでなく、明治期以降、彼らの間が分裂状態になって厳しい対立が起こるようになったことも話した。しかし、この「悲劇の始まり」以下の発言は番組に採用されなかった。番組の構成上、悲劇の話は入りにくかったことは理解できるが、潜伏キリシタンのストーリーが史実と乖離する可能性を感じる。

もちろん、世界遺産登録によってメディアの取材を受けたり講演を依頼される機会が増えたように、私の研究も注目されたことはありがたい。潜伏キリシタンの歴史に人々の関心が集まったのも、埋もれた歴史に光が当てられたという意味でよかったと思う。

しかし、潜伏キリシタンから私たちが学ぶべき点は彼らの復活ストーリーではない。潜伏期における諸属性の共存という事実にこそ、二十一世紀に生きる私たちは注目するべきではないのか。異なる属性の人々の共存状態が破壊されつつあるいま、諸属性が重層的に存立していた潜伏キリシタンと彼らを取り巻く近世社会に、共生社会構築のためのヒントが隠されているように思う。

それにしても、世のなか、天下国家のことから身の回りにいたるまで、理不尽なことがまかり通っている。納得できないまま心に深い傷を負った者は、後々まで怒りと悔しさの苦しみを抱え続けることになる。足を踏んだほうは忘れても、踏まれたほうは忘れないものだ。

最近、私が何度も足を運んでいるミュージカル『ノートルダムの鐘』が、私にこの先のモチベーションを与えてくれる。とりわけ、そのなかの「いつか」という曲が好きだ。

いつか　人がみんな賢くなる時がくる　祈るわ　争いの炎が消えることを
いつか　人がみんな平等に暮らせる　そんな明るい未来が必ずくると祈ろう
時がたてば　やがては
いつか　夢はかなう　祈ろう世界は変わると　いつか　もうすぐに
（『劇団四季　ミュージカル　ノートルダムの鐘』）

現実の世のなかは理想にほど遠い。選書メチエ版の「あとがき」に書いた「希望を持続するには何が必要か」という問いには、いまだに明快な答えを見つけられずにいるが、あきらめないことが肝要だ。

学術文庫版を刊行するにあたって、今回も講談社学芸部の梶慎一郎さんと校閲部の方にはたいへんお世話になった。感謝申し上げる。

二〇一九年一月六日（「道化の祭り」の日に）

大橋幸泰

参考文献

本書は筆者のこれまでの研究を再編成して、一般向けに一書に書き下ろしたものである。ただし、執筆にあたっては、以下の拙稿を下敷きにした。
『キリシタン民衆史の研究』（東京堂出版、二〇〇一年）
『検証 島原天草一揆』（吉川弘文館、二〇〇八年）
「文政期京坂「切支丹」考――異端研究序説――」（『日本歴史』六六四、二〇〇三年）
「近世の秩序と「異宗」と「切支丹」」（『キリシタン文化研究会会報』一二二、二〇〇三年）
「民間信仰と「切支丹」の間――京坂切支丹一件に見る文政期民衆の信仰・信心」（『大塩研究』五二、二〇〇五年）
「正統・異端・切支丹――近世日本の秩序維持とキリシタン禁制（上）（下）」（『早稲田大学教育学部 学術研究 地理学・歴史学・社会科学編』五四・五五、二〇〇六・二〇〇七年）
「近世日本潜伏キリシタンの信仰共同体と生活共同体」（『地中海研究所紀要』四、二〇〇六年）
「潜伏という宗教運動」（『歴史評論』六八八、二〇〇七年）
「浦上一番崩れにおける大村藩と長崎奉行」（『大村史談』五九、二〇〇八年）
「キリシタンはどのように表記されたか」（『キリシタン文化と日欧交流』勉誠出版、二〇〇九年）
「近世宗教の「邪正」――肥前国対馬藩田代領における「異法」考」（『早稲田大学大学院教育学研究科紀要』二〇、二〇一〇年）
「踏絵の両面性――「山本甚左衛門覚書」（松浦史料博物館蔵）によせて」（『二〇〇九年度早稲田大学特定課題研究助成費「藩世界と東アジア――西日本地域を中心に」長崎・平戸調査報告集』早稲田大学文学部、二〇

一〇年）
「「邪」と「正」の間——近世日本の宗教序列」（『〈江戸〉の人と身分6　身分論をひろげる』吉川弘文館、二〇一一年）
「シンポジウム「身分論をひろげる」の記録」（同右）
「村社会の宗教情勢と異端的宗教活動——天草を事例として」（『歴史評論』七四三、二〇一二年）
「異端と属性——キリシタンと「切支丹」の認識論」（『歴史学研究』九一二、二〇一三年）

＊

当然のことながら、本書は先学の恩恵を多分に受けている。注記に記した先行研究を含め、以下に参考文献を掲げて感謝の意を表したい。なお、ここにあげたのは本書のために筆者が恩恵を受けた先行研究の一部であり、全部ではない。

浅見雅一『キリシタン時代の偶像崇拝』（東京大学出版会、二〇〇九年）
阿満利麿『日本人はなぜ無宗教なのか』（筑摩書房、一九九六年）
荒野泰典「江戸幕府と東アジア」（『日本の時代史』一四、吉川弘文館、二〇〇三年）
家近良樹『浦上キリシタン流配事件——キリスト教解禁への道』（吉川弘文館、一九九八年）
磯前順一『近代日本の宗教言説とその系譜——宗教・国家・神道』（岩波書店、二〇〇三年）
浦川和三郎『浦上切支丹史』（全国書房、一九四三年）
海老沢有道『キリシタン南蛮文学入門』（教文館、一九九一年）
大石一久編『日本キリシタン墓碑総覧——南島原市世界遺産地域調査報告書』（南島原市教育委員会、二〇一二年）
片岡弥吉『日本キリシタン殉教史』（時事通信社、一九七九年）
加藤敦子「近世演劇に登場する「キリシタン」」（小峯和明ほか著『キリシタン文化と日欧交流』勉誠出版、二

〇〇九年）
門屋光昭『隠し念仏』（東京堂出版、一九八九年）
川村信三『キリシタン信徒組織の誕生と変容――「コンフラリヤ」から「こんふらりや」へ』（教文館、二〇〇三年）
神田千里『島原の乱――キリシタン信仰と武装蜂起』（中央公論新社、二〇〇五年）
木村直樹『幕藩制国家と東アジア世界』（吉川弘文館、二〇〇九年）
小澤浩『生き神の思想史――日本の近代化と民衆宗教』（岩波書店、一九八八年）
小澤浩『中山みき』（山川出版社、二〇一二年）
五野井隆史『徳川初期キリシタン史研究（補訂版）』（吉川弘文館、一九九二年）
五野井隆史『日本キリシタン史の研究』（吉川弘文館、二〇〇二年）
小峯和明ほか著『キリシタン文化と日欧交流』（勉誠出版、二〇〇九年）
清水紘一『織豊政権とキリシタン』（岩田書院、二〇〇一年）
清水紘一「慶長17年のキリシタン禁教令再考」（『中央大学文学部紀要　史学科』四八［通号一九六］、二〇〇三年）
清水有子『近世日本とルソン――「鎖国」形成史再考』（東京堂出版、二〇一二年）
白川部達夫『近世質地請戻し慣行の研究』（塙書房、二〇一二年）
鈴江英一『キリスト教解禁以前――切支丹禁制高札撤去の史料論』（岩田書院、二〇〇〇年）
高木慶子『高木仙右衛門覚書の研究』（中央出版社、一九九三年）
高瀬弘一郎『キリシタン時代の研究』（岩波書店、一九七七年）
高瀬弘一郎『キリシタンの世紀――ザビエル渡日から「鎖国」まで』（岩波書店、一九九三年）
高埜利彦他編『近世の宗教と社会』全三巻（吉川弘文館、二〇〇八年）
H・チースリク監修・太田淑子編『日本史小百科　キリシタン』（東京堂出版、一九九九年）

鶴田倉造『天草島原の乱とその前後』（熊本県上天草市、二〇〇五年）
鶴田文史『西海の乱（上）（下）』（西海文化史研究所、二〇〇五・二〇〇六年）
奈倉哲三『真宗信仰の思想史的研究――越後蒲原門徒の行動と足跡』（校倉書房、一九九〇年）
ノゲラ・ラモス・マルタン「幕末・明治初期のキリシタン民衆社会の地域的構造についての一考察」（『日本史攷究』三六、二〇一二年）
野中素「「島原の乱」の戦死者について」（『諫早史談』一二、一九八〇年）
野中素「「有馬戦死弐百年忌御吊御法事」顚末記」（『諫早史談』一三、一九八一年）
林淳「天主教と女陰陽師」（『愛知学院大学文学部紀要』四一、二〇一一年）
服藤弘司『幕府法と藩法』（創文社、一九八〇年）
平田正範『天草かくれキリシタン宗門心得違い始末』（サンタ・マリア館、二〇〇一年）
平野哲也「寛政八年百姓相続方仕法と村社会――質地請戻をめぐる幕府法と在地慣行」（渡辺尚志編『近世地域社会論――幕領天草の大庄屋・地役人と百姓相続』岩田書院、一九九九年）
深谷克己『百姓成立』（塙書房、一九九三年）
深谷克己『深谷克己近世史論集』全六巻（校倉書房、二〇〇九～二〇一〇年）
福間光超『真宗史の研究』（永田文昌堂、一九九九年）
藤井譲治「史料紹介　慶長十一年キリシタン禁制の一史料」（『福井県史研究』一五、一九九七年）
朴澤直秀「近世における寺院関係偽法令の流布をめぐって」（『東京大学日本史学研究室紀要　別冊　近世政治史論叢』二〇一〇年）
朴澤直秀「いわゆる「宗門檀那請合之掟」と「諸寺院条目」」（『日本歴史』七七四、二〇一二年）
保坂智『百姓一揆と義民の研究』（吉川弘文館、二〇〇六年）
宮崎賢太郎『カクレキリシタンの信仰世界』（東京大学出版会、一九九六年）
村井早苗『キリシタン禁制の地域的展開』（岩田書院、二〇〇七年）

安丸良夫『日本の近代化と民衆思想』（青木書店、一九七四年）
安丸良夫『神々の明治維新――神仏分離と廃仏毀釈』（岩波書店、一九七九年）
安丸良夫「「近代化」の思想と民俗」（『日本民俗文化大系1　風土と文化――日本列島の位相』小学館、一九八六年）
安丸良夫・宮地正人校注『日本近代思想大系5　宗教と国家』（岩波書店、一九八八年）
安丸良夫『安丸良夫集』全六巻（岩波書店、二〇一三年）
山崎渾子『岩倉使節団における宗教問題』（思文閣出版、二〇〇六年）
渡辺尚志『百姓たちの幕末維新』（草思社、二〇一二年）
渡辺尚志編『近世地域社会論――幕領天草の大庄屋・地役人と百姓相続』（岩田書院、一九九九年）

[タ行]

[ナ行]

[ハ行]

[マ行・ヤ行]

索引

[ア行]

[カ行]

[サ行]

KODANSHA

本書の原本は、二〇一四年に小社より刊行されました。

大橋幸泰（おおはし　ゆきひろ）

1964年，新潟県生まれ。早稲田大学第一文学部卒業，同大学院文学研究科史学（日本史）専攻博士後期課程満期退学。武蔵高等学校・中学校教諭を経て，現在，早稲田大学教育・総合科学学術院教授。博士（文学）。専門は日本近世史。著書に，『近世日本邪正論―江戸時代の秩序維持とキリシタン・隠れ／隠し念仏』『検証　島原天草一揆』『近世潜伏宗教論―キリシタンと隠し念仏』などがある。

講談社学術文庫

定価はカバーに表示してあります。

潜伏《せんぷく》キリシタン

江戸時代《えどじだい》の禁教政策《きんきょうせいさく》と民衆《みんしゅう》

大橋幸泰《おおはしゆきひろ》

2019年３月11日　第１刷発行
2025年６月４日　第２刷発行

発行者　篠木和久
発行所　株式会社講談社
東京都文京区音羽 2-12-21 〒112-8001
電話　編集（03）5395-3512
販売（03）5395-5817
業務（03）5395-3615

装　幀　蟹江征治
印　刷　株式会社広済堂ネクスト
製　本　株式会社国宝社
本文データ制作　講談社デジタル製作

ISBN978-4-06-515030-6

「講談社学術文庫」の刊行に当たって

これは、学術をポケットに入れることをモットーとして生まれた文庫である。学術は少年の心を養い、成年の心を満たす。その学術がポケットにはいる形で、万人のものになることは、生涯教育をうたう現代の理想である。

こうした考え方は、学術を巨大な城のように見る世間の常識に反するかもしれない。また、一部の人たちからは、学術の権威をおとすものと非難されるかもしれない。しかし、それはいずれも学術の新しい在り方を解しないものといわざるをえない。

学術は、まず魔術への挑戦から始まった。やがて、いわゆる常識をつぎつぎに改めていった。学術の権威は、幾百年、幾千年にわたる、苦しい戦いの成果である。こうしてきずきあげられた城が、一見して近づきがたいものにうつるのは、そのためである。しかし、学術の権威を、その形の上だけで判断してはならない。その生成のあとをかえりみれば、その根は常に人々の生活の中にあった。学術が大きな力たりうるのはそのためであって、生活をはなれた学術は、どこにもない。

開かれた社会といわれる現代にとって、これはまったく自明である。生活と学術との間に、もし距離があるとすれば、何をおいてもこれを埋めねばならない。もしこの距離が形の上の迷信からきているとすれば、その迷信をうち破らねばならぬ。

学術文庫は、内外の迷信を打破し、学術のために新しい天地をひらく意図をもって生まれた。文庫という小さい形と、学術という壮大な城とが、完全に両立するためには、なおいくらかの時を必要とするであろう。しかし、学術をポケットにした社会が、人間の生活にとってより豊かな社会であることは、たしかである。そうした社会の実現のために、文庫の世界に新しいジャンルを加えることができれば幸いである。

一九七六年六月

野間省一